JN066447

改訂版

技術系英文ライティング教本

中山 裕木子

基本・英文法・応用

Technical Writing
in English

日本能率協会マネジメントセンター

本書の内容に関するお問い合わせについて

平素は日本能率協会マネジメントセンターの書籍をご利用いただき、ありがとうございます。

弊社では、皆様からのお問い合わせへ適切に対応させていただくため、以下①～④のようにご案内しております。

①お問い合わせ前のご案内について

現在刊行している書籍において、すでに判明している追加・訂正情報を、弊社の下記 Web サイトでご案内しておりますのでご確認ください。

https://www.jmam.co.jp/pub/additional/

②ご質問いただく方法について

①をご覧いただきましても解決しなかった場合には、お手数ですが弊社 Web サイトの「お問い合わせフォーム」をご利用ください。ご利用の際はメールアドレスが必要となります。

https://www.jmam.co.jp/inquiry/form.php

なお、インターネットをご利用ではない場合は、郵便にて下記の宛先までお問い合わせください。電話、FAX でのご質問はお受けしておりません。

〈住所〉 〒103-6009　東京都中央区日本橋 2-7-1　東京日本橋タワー 9F

〈宛先〉 ㈱日本能率協会マネジメントセンター　ラーニングパブリッシング本部　出版部

③回答について

回答は、ご質問いただいた方法によってご返事申し上げます。ご質問の内容によっては弊社での検証や、さらに外部へお問い合わせすることがございますので、その場合にはお時間をいただきます。

④ご質問の内容について

おそれいりますが、本書の内容に無関係あるいは内容を超えた事柄、お尋ねの際に記述箇所を特定されないもの、読者固有の環境に起因する問題などのご質問にはお答えできません。資格・検定そのものや試験制度等に関する情報は、各運営団体へお問い合わせください。

また、著者・出版社のいずれも、本書のご利用に対して何らかの保証をするものではなく、本書をお使いの結果について責任を負いかねます。予めご了承ください。

―やさしい英語表現は、 技術系英文の正確さと質を向上させる

　国際貿易や投資の自由化、情報・通信・運輸などの技術革新によって企業活動はますます国際化し、英語でのコミュニケーションの必要性が高まっています。国際化が進む中、英語ネイティブのように話そう、英語ネイティブのように書こう、というのが、日本人が目指してきたことのようです。

　しかし実際は、国際化社会はネイティブだけで構成されているわけではありません。非ネイティブの数は、ネイティブの数をはるかに上回っているのです。つまり、国際化社会で求められる英語コミュニケーション能力とは、ネイティブと非ネイティブに関わらず、誰にでも伝わる英語なのです。誰にでも伝わる英語とは、やさしくはっきりと表現した英語です。複雑で、かっこよく、凝った英語表現は必要ありません。

　実務の現場では、「書く」、「話す」といった自己表現のためのコミュニケーション手段が必須です。そして、書くことは話すことと異なり、時間をかけて準備や検討することができるので、英語を母国語としない日本人にとっては重要なコミュニケーション手段です。また、文書は記録として残り続けるので、正確に書くことが重要です。そこで、英語非ネイティブである日本人に今必要なのは、伝えるべき内容を、正しく、明確で簡潔に伝えるように書く力なのです。

　本書は、技術文書を英語で明確で正しく、簡潔に書くことを希望するすべての人を対象としています。これから技術文書の英文ライティングの学習を始める人から、実務経験者、さらには熟練者（ライティング歴

10年など）までを対象としています。

　具体的には、技術論文、プロポーザル（提案書）、マニュアル（説明書）、仕様書、技術報告書などの技術文書を、正しく、明確で簡潔に英語で書くことを希望するすべての人を対象としています。日本語を元にこれらの文書を英語で作成（または英語に翻訳）する人、これらの文書を一から英語で作成しようとする人が、正しく、明確で簡潔に書けるよう、技術文書の英文ライティングの基本から応用までを総合的に扱います。

　本書は、4つの章で構成されています。

　第1章「ライティングの基本」では、技術系英文ライティング*の概要を解説しています。つまり、技術文書の種類に関わらず、正しく、明確で簡潔に英文を書くための基本的な方法を解説しています。

　第2章「ライティングの英文法Ⅰ」と第3章「ライティングの英文法Ⅱ」では、正しく、明確で簡潔に技術文書の英文を書くという観点から、必要な英文法を解説しています。

　第4章「ライティングの応用」では、技術論文、プロポーザル（提案書）、マニュアル（説明書）、仕様書、技術報告書について、その構成と特徴を解説し、第1章〜第3章の内容を各技術文書に適用する方法を示しています。

　第2章〜第4章の各節には、ライティングの練習問題を設けています。練習問題を通じて実際に英文を書くことで、真のライティング力を身に付けることを目指します。

　また、第1章〜第4章すべての各節の終わりに設けた「スキルアップコラム」では、技術文書の英文ライティング力アップに役立つ様々な内容

---

*技術文書の英文ライティング（技術系英文ライティング）は、一般的に、テクニカルライティング（Technical writing in English）、技術英語、工業英語などと呼ばれます。

を取りあげています。

　読者の方々には、ご自身のライティング経験に応じて、次のような順序で本書を活用されることをおすすめします。

（1）これから技術文書の英文ライティングを学習し始める方

　これから技術文書の英文ライティングを学習し始める方、基礎から学ぶことを希望する方は、はじめに第1章に大まかに目を通して概要をつかんでください。第1章でわかりにくい箇所がある場合でも、あまり気にせず、まずは読み進めてください。次に、第2章と第3章の各節を順番に読んでください。第2章と第3章では、「ライティング練習問題」を使って実際に英文を書く練習をすることで、文法規則に基づく確実なライティング力を身に付けます。その後、第1章に戻って熟読してみてください。最後に、第4章の各節を興味に応じて読んでください。「スキルアップコラム」についても興味に応じて読んでいただければ幸いです。

（2）技術文書の英文ライティング実務経験者

第1章 ➡ 第2章 第3章 ➡ 第4章

　技術文書の英文ライティングの実務経験者は、第1章〜第4章を興味に応じて順番に読まれるとよいでしょう。特に興味がないと感じられる節がある場合には、「リライト練習問題」または「ライティング練習問題」

だけに取り組んでください。練習問題を通じて弱点に気付いた場合には、読み飛ばした節の本文に戻ってください。

「スキルアップコラム」は、筆者が実務で遭遇した様々な話題を扱っています。興味に応じて読まれることをおすすめします。

(3)技術文書の英文ライティング熟練者(ライティング歴10年など)

| 第1章 | ➡ | 第2章・第3章のライティング練習問題 | ➡ | 第4章 |

技術文書の英文ライティングの熟練者は、第1章～第4章を興味に応じて読んでください。

熟練者であっても、第1章「ライティングの基本」は、ご自身のライティングへの姿勢を再確認するために役に立つでしょう。また、第2章と第3章は、正確・明確・簡潔に書くという観点から英文法を説明しています。英文法には自信があるという方であっても、学校英語とは異なる観点からの説明が役立つことがあるでしょう。各節の内容を確認するためにも、「ライティング練習問題」には取り組んでください。

第4章は、ご自身の扱っている文書だけでなく、他の文書の節にも目を通してください。

熟練者のライティング力アップにも役立つ「スキルアップコラム」も是非お読みください。

本書がプロの技術系英文ライターを目指す方々や、プロの技術系英文ライターとしてスキルアップを目指す方々の一助となることができれば、この上ない喜びです。

　最後になりましたが、お忙しい中で原稿の内容をチェックしてくだ
さったジョン・マッキン氏、原稿の英文を丁寧にチェックしてくださっ
たレベッカ・カルマン氏、編集を担当いただき多くの助言をくださった
株式会社リリーフ・システムズの可部淳一氏に、厚くお礼申し上げます。

2009年1月　中山 裕木子

本書の改訂にあたって

　2009年に初版を出版して以来、技術英語の基本を網羅的に学べる本として、技術文書の英文ライティングの学習者や実務者の方々に本書を長くご愛用いただきましたことに、心より感謝しています。筆者自身も、自身の知識とノウハウを簡便に教えられる教科書として、理系の大学講義で本書を長年使用してきましたが、初版から10年以上が経過し、科学技術を取り巻く環境も大きく変化したことから、このたび改訂させていただく運びとなりました。

　この10年あまりで、従来の主流技術であった機械、電子電気、半導体はもとより、化学分野や医療分野、制御分野でも大きな進歩が見られ、人工知能を使った技術にいたっては目覚ましい発展を遂げました。そこで改訂版では、これらの変化を反映すべく、英作文の練習問題を大幅に変更し、コラムも一部書き換えました。さらに、例えば「分詞」の項目に「文末で使う分詞構文」の説明を加えるなど、技術文書の英文ライティングにおける3つのC（正確、明確、簡潔）の観点から有益な情報を新たに盛り込みました。

　新たな読者の方々はもちろんのこと、往年の読者の方々にとっても、本書が技術文書の英文ライティング活動に改めて役立つ1冊となることを願っています。

2024年2月　中山 裕木子

第 2 章 ライティングの英文法 I 95

第3章 ライティングの英文法Ⅱ 167

第**4**章 ライティングの応用 245

第1章

ライティングの基本

技術文書の英文ライティングの目的は、「読み手に内容を伝えること」です。対象とする読み手が必要とする内容が正しく伝わるとともに、容易にすばやく読めるように書く必要があります。

　技術文書の英文ライティングのキーワードは、次の3つのCです。

- ## Correct（正確に書く）
- ## Clear　　（明確に書く）
- ## Concise（簡潔に書く）

　本章では、Correct、Clear、Conciseに技術文書の英文を書くための基本的な方法を説明します。Correctの節では、誤りをなくすためにどのような点に注意すればよいかを紹介します。Clear & Conciseの節では、容易にすばやく読める英文を書くために、英語表現をどのように工夫すればよいかを紹介します。

　さらに、好ましい「センテンス」と効果的な「パラグラフ」の書き方や「文書」の作成手順を説明します。また、知っておきたい英語の表記法についても説明します。

　では、技術文書の英文ライティングの基礎である「3つのCの概念」から始めましょう。

1. 3つのCの概念

（1）Correct

■ Correct（正確に書く）は最も重要

　技術文書の英文を書く目的は、**対象とする読み手に内容を伝える**ことです。伝える内容が正しいことが大前提となるため、**正確に書くことは、3つのCの中で最も重要です。**

　例えば文学の読み手は、「楽しみのため」や「余暇を過ごすため」に読むでしょう。一方、技術文書の読み手は、「実験を行うため」や「製品を安全に使用するため」、「商品を購入するかどうかを判断するため」といった目的で読みます。技術文書に誤りがあると、誤った使い方や誤った判断がなされることになり、大きな損失や不具合につながってしまうことが容易に想像できます。

　例えば、数値や単位の誤記や手順の誤りがあると、それに基づいて実験が行われた場合、正しくない結果が出たり、事故につながってしまったりするかもしれません。英文法に不具合があると、意図した内容と異なる意味に解釈され、製品が間違った使い方をされてしまうかもしれません。さらには、誤った記載によって文章の信頼性が損なわれると、提供者や製品自体の信頼性も失われてしまうでしょう。

■ 正確に書くとは

　次の例文の誤りを探して、正しく書き直しましょう。
New smartphone battery keeps for 48 hours by single charge.
　···✗
（新しいスマートフォンのバッテリーは、1回の充電で48時間もつ。）

17

　物、人、事などを表す「名詞」と動作を表す「動詞」を確認します。「バッテリー（battery）」は数えますので、無冠詞単数形で使うのは誤りです。「新しいスマートフォンのバッテリー」は特定のものを指すと考え、定冠詞theを使います。「充電（charge）」という名詞は、可算・不可算の両方が可能ですが、「1回の充電」として数えていることから、正しくはa single chargeです。動詞「もつ」はkeep（～の状態を保つ）から、last（持続する）に変更します。前置詞byは手段を表しますが、能動的な動作ではなく状態を表す「もつ」に対して「～により」という手段を表すbyを使っている点が不適切です（第2章 p.189『「～により」を表すby』参照）。「充電に頼って」を意味する前置詞onに変更します。

The new smartphone battery lasts for 48 hours on a single charge.

正しく表現できました。
　このほかにも、主語を「新しいスマートフォン」とし、「（スマートフォンが）48時間のバッテリー寿命を有する」と表現することも可能です。

The new smartphone has a battery life of 48 hours on a single charge.

　この場合、「48時間のバッテリー寿命」は区切りがある現象と理解できるため、冠詞aを使い、a battery lifeとします。細部まで検討し、正しく表現する必要があります。

文書全体の信頼性を高めるために、正しい英語表現は必須です。

（2）Clear

■ **Clear**（明確に書く）は**Correct**のために重要
　技術文書の英文は、**誰が読んでも同じ内容として理解されるように書**

かなければなりません。読み手に疑問や複数の解釈の余地を与えてはいけません。

　明確に書くように心がけることで、誤りが起こりにくくなります。つまり、**明確に書くことによって、技術文書の英文の正確さが向上します。**

　日本人が書く技術文書の英文がわかりにくいといわれる理由の一つとして、日本には、あいまいさや控えめであることを尊重する文化があるということが挙げられます。しかし、あいまいで控えめな表現では内容が的確に伝わりません。その結果、せっかくの技術的情報が活用されなくなってしまったり、誤った内容として伝わってしまったりすることで、損失につながる可能性があります。

■明確に書くとは

次の例文のあいまいな部分を探して、明確に書き直しましょう。
The solution is shaken for a while before being filtered.　…✕
（溶液をしばらく振とうしてから濾過する。）

解説 読み手を迷わせないように具体的に書く

「for a while（しばらく）」では具体性に欠けるため、読み手を迷わせてしまいます。明確な文に書き直すために、例えば、「10分間」といった具体的な値を使うか、または「透明になるまで」のように、読み手にわかりやすい基準を設けます。

The solution is shaken for 10 minutes before being filtered.
（溶液を10分間振とうしてから濾過する。）

The solution is shaken until clear, and is then filtered.
（溶液を透明になるまで振とうし、それから濾過する。）

　　　　　　　　　　　　　　　　　　until clear = until it is clear

具体的に書くことにより、読み手を迷わせることがなくなります。

（3）Concise

■Concise（簡潔に書く）はClearとCorrectのために重要

　誰が読んでも同じ内容として理解されるためには、**やさしく短く表現することが大切です。** やさしく短く表現することで、誤りも起こりにくくなります。つまり、**簡潔に書くことで、技術文書の英文の正確さと明確さが向上するのです。**

　日本人が書く技術文書の英文がわかりにくいといわれる他の理由として、技術文書の英文を書くときには凝った表現や長い表現を使うべきだという誤解があることが挙げられます。

■簡潔に書くとは

　次の例文の複雑な部分を探して、簡潔に書き直しましょう。

In supervised learning, it is necessary to train a model with a large dataset to yield desired results.

（教師付学習では、大量のデータを使ってモデルの訓練を行う必要がある。）

解 説　言葉の置き換えによる動詞の名詞形の使用をやめる

　日本語に対応させて英文を作成すると、文のはじめに句が配置されることが少なくありません。さらに、仮主語itを使うと読み手が情報を得るのが遅くなります。主語から文を開始し、involve（必要とする）やuse（使用する）といった平易な他動詞を使って、簡潔に書き直します。

Supervised learning involves training a model with a large dataset to yield desired results.

または

Supervised learning uses a large dataset to train a model for desired results.

　簡潔に書くことにより、単語数が減るだけでなく、強く明確な印象を与えることができます。また、平易な表現を使えば、誤りも起こりにくくなります。

Correct
Correct（正確に書く）は最も重要

Clear ◀━━━━━ **Concise**

Clear（明確に書く）は
Correctのために重要

Concise（簡潔に書く）は
ClearとCorrectのために重要

学校英語を実務の英語に変える

「学校英語」は一般的な英語

中学や高校の英語教育の目的は、様々な場面で広く使える一般的な英語力を身に付けることです。

「一般的な英語力」という意味で、日本の学校教育は効果的です。そのおかげで、基本的な英文法力を私たちは身に付けることができます。

例えば、日本人ならたいてい誰でも、I have a computer.（私はコンピュータを持っている。）という英文を書くことができます。

そのような基本的な英文法力は、技術文書の英文を書く基盤となります。学校教育のおかげで、私たちは技術系英文ライターの候補者として、スタート地点に立つことができるのです。

スタート地点に立った技術系英文ライターの候補者がすべきことは、学校で習得した「一般的な英語力」を、実務で使える「技術文書のライティングのための英語力」に変えることです。学校で習得した英語力だけでは、いざ実務で技術文書を英語で書こうとしても、伝わる英文が書けないことがあるためです。

変えるといっても、ゼロからやり直すわけではありません。学校英語も、技術文書の英語も、英語であることに変わりはありません。

「学校英語」を「技術文書の英語」に変えるためには、**技術文書の英文ライティングの決まりごとを知り、それらを実践する**ことが必要です。

決まりごとを知る

技術文書の英文ライティングのために、主に次の内容を知る必要があります。

「3つのC（Correct, Clear, Concise）の概念」

「3つのCのためのテクニック」

これらを学ぶことにより、学校英語の何が使えて何が使えないかを知ることができます。知るだけでも、技術文書の英文ライティング力は飛躍的

に伸びます。

　例えば、本書の第1章を1日かけて読むだけでも「3つのCの概念」と「3つのCのためのテクニック（CorrectのテクニックとClear & Conciseのテクニック）」について知ることができます。

　また、本書の第2章と第3章を1か月かけて読めば、「3つのCのためのテクニック」をさらに詳しく知るとともに、学校英語とは異なる観点からライティングに必要な英文法を学ぶことができます。

　学校英語の習得には、中学と高校の6年間、またはそれ以上の期間を費やしたはずです。一方、わずか1日や1か月で、技術文書の英文ライティングの決まりごとを知り、「学校英語」を「実務で使える英語」に大きく近づけることができるのです。基本的な英文法力を幸運にも持つ私たち日本人にとって、これを行わない手はないでしょう。

決まりごとを実践する

　次に、技術文書の英文ライティングの決まりごとを実践します。つまり、「3つのCの概念」と「3つのCのためのテクニック」に基づいて、実際に英文を書きます。実際に書くことで、得た知識を真のライティング力に変えることができます。

　この過程は、1日や1か月というわけにはいきません。一定の期間、可能な限り多くの英文を書き続ける必要があります。その手始めとして、本書の第2章と第3章、第4章の「ライティング練習問題」を利用するとよいでしょう。

　英文を書き続ける「一定期間」とは、週5日、1日に6時間程度書くとして、例えば3年間です。その間、学んだ決まりごとに基づいて、試行錯誤しながら多くの英文を書き続けます。そのような3年間を過ごせば、たいていの場合、伝わる英文を自信を持って書けるようになっているでしょう。つまり、プロの技術系英文ライターのレベルに到達することができるのです。

スキルアップは永遠に

　決まりごとを知り、実践することでプロの技術系英文ライターになることができれば、そこからが新しい段階の始まりです。その後は、経験を積むごとにスキルアップしていきます。技術系英文ライターのスキルアップに終わりはありません。スキルアップしようという気持ちさえ持っていれば、生涯にわたって進化し続けることができるのです。

学校英語の習得（中学・高校の最低6年）

実務英語の知識の習得（1日や1か月）

実務英語のライティング力の習得（例えば3年）

プロの技術系英文ライター！

スキルアップ（生涯）

2. Correct

（1）Correctのテクニック

■誤りをなくす

技術文書の英文の主な誤りには（a）～（e）があります。

(a) **文法の誤り**
(b) **用語や表現の誤り**
(c) **直訳による誤り**
(d) **表記（句読点・略語・数の表記）の誤り**
(e) **スペルや数値の誤記**

これらを克服することで、Correctに書くことができます。順に対処法を見ていきましょう。

(a) 文法の誤り

▷英文法の基礎を総復習し、加えて技術文書における英文ライティングの文法を身に付ける

英文法は、技術文書を英語で書く基盤となりますので重要です。英文には主語と動詞が必要という決まりごとから開始し、中学校レベルを中心とした基礎文法を身に付ける必要があります。中学生向けの基本的な英文法の問題集を使った復習が有効です。選ぶ問題集の種別は問いませんが、必要項目の学習を完遂できそうな、薄めの問題集や解説が簡単な文法書を選びましょう。例えば、『高校入試 14日間スピード完成！中学3年間の総復習英語』（旺文社）といったものがあります。また、英文ライティングの練習を進める中で、基本的な文法書を随時確認することも

大切です。例えば、『総合英語Evergreen』（株式会社いいずな書店）や『ロイヤル英文法―徹底例解』（旺文社）といった基本的な文法書が使えます。より深い理解を目指すには、『マーフィーのケンブリッジ英文法（中級編）』（Cambridge University Press）などの海外の有名な文法の参考書もおすすめです。

　さらには、本書の第2章「ライティングの英文法Ⅰ」と第3章「ライティングの英文法Ⅱ」を読むことによって、ライティングに必要な英文法を効率的に学ぶことができます。ほかにも、テクニカルライティングや技術英語に関する洋書や和書を読むことでも効果的な表現技法を知ることができます。

　文法の決まりをひと通り学んだあとは、効果的に伝えられる表現を取捨選択することが大切です。例えば、文構造が複雑なSVOOやSVOCの使用を控え、平易なSV，SVC，SVOを主に使います。加えて、イディオム表現（群動詞）（例：make use of，bring aboutなど）は単語数が増えるため使用を控え、可能な限り具体的な動詞1語で動作を表します。

（b）**用語や表現の誤り** ▷複数の辞書とインターネット検索で調べる

　複数の英和・和英・英英辞書をパソコン上で使える状態で英文を書き始めます。単語の意味や用法を辞書でこまめに調べて正しく使うことが大切です。

　次の技術系の辞書が便利です。

● ビジネス技術実用英語大辞典V6 英和編＆和英編（プロジェクトポトス）

　技術分野の用例と説明が豊富。次のようなわかりやすい説明も含まれる。

英和：「software（ソフトウェア）：不可算名詞であるから、不定冠詞や複数形の-sはつかない。数える必要のある時は a software program [package, module, component], a piece of software などと表現する。」

和英：「内容：日本語の「内容」を何でも contents という単語に置き換えてしまうと、ときとしておかしな英文になることがある。

contentsは、中に入っているもの、つまり、容器や情報媒体や表現媒体の中身である。たとえば、「各機能の内容」というときの「内容」は、各機能についての具体的な説明や記述のことであり、contentsではない。このような「内容」には、description, information, details などを用いる。」

● マグローヒル科学技術用語大辞典（日刊工業新聞社）
　和英辞典。用語の説明が掲載されており便利。
　例：「誘導電動機 induction motor：一次巻線（通常は固定子側）が電源に接続され、二次巻線（通常は回転子側）には、一次側の磁界によって誘導された電流のみが流れる交流電動機。」

● CD-専門用語対訳集 機械・工学17万語／
　CD-専門用語対訳集 化学・農学11万語（ともに日外アソシエーツ）
　専門用語の対訳を調べるのに便利。

加えて、一般的な英和、和英の大辞典も準備しておくと便利です。

● 新英和大辞典 第6版　新和英大辞典 第5版（ともに研究社）
● リーダーズ英和辞典 第3版（研究社）

オンライン辞書・用語集・Wikipedia

オンラインで利用できる英英辞書のURLも複数確認しておきましょう。

■ Collins Dictionary（https://www.collinsdictionary.com/jp/）
　平易な英単語が使われ、かつ用語の定義が完全文で記載されているため読みやすい。用語の定義を参照することに加え、動詞の自動詞・他動詞を把握するのにも有効。例えば、corrode（腐食する）の定義は「If metal or stone corrodes, or is corroded, it is gradually destroyed by a chemical or by rust.（金属や石が腐食する、または腐食させられるとは、化学物質や錆によって徐々に損なわれること）」とあり、corrodes（自動詞）とis corroded（他動詞）の両方の用法があることが確認できる。自動詞とは、ひとりでに起こる動作を表す動詞、他動詞とは、他のものに動作を働きかける動詞のこ

とである。corrodeのように、1つの動詞が自動詞と他動詞の両方として働く場合が少なくない（第2章 p.121「主語と動詞」参照）。

■ Longman Dictionary of Contemporary English Online
（https://www.ldoceonline.com/）
　　各単語に対して、名詞の可算と不可算の区別が [countable, uncountable]（可算・不可算の両方）、[countable]（可算のみ）、[uncountable]（不可算のみ）と記載されていてわかりやすい。例えば、temperature（温度）には [countable, uncountable]とあり、可算と不可算の両方があること、例文「The temperature of the water was just right for swimming.」と「Water boils at a temperature of 100℃.」からは、「その水の温度」をthe temperature、「100℃という温度」をa temperatureと表していることがわかり、概念としての温度は不可算、温度値は可算で扱うことが理解できる。

　他にも、次の英英辞書がインターネット上で無料で提供されています。気に入った辞書を使えるように確認しておくとよいでしょう。
■ Merriam-Webster's dictionary
（https://www.merriam-webster.com/）
■ Oxford Advanced American Dictionary
（https://www.oxfordlearnersdictionaries.com/definition/american_english/）

　英英辞書に加えて、Google（https://www.google.com/）検索で、調べたい用語を「define（定義）」や「meaning（意味）」といった単語と一緒に検索窓に入れて検索することで、Oxford Languages（出版社）から用語の定義や類語が表示されます。このGoogle検索機能では、英単語の語源や発音までを詳しく確認できる場合があり便利です。例えば、illuminateの意味や類義語を調べたい場合に、「illuminate define」を検索窓に入れると、用語の定義「make (something) visible or bright by shining light on it; light up ほか」、類義語「light, lightup, throw light on, cast light upon, brighten ほか」、語源「in = upon, lumen = light　→

illuminare → illuminat → illuminate」が現れます。

このような辞書による確認に加えて、書籍やインターネット検索で技術内容の基礎と詳細を英語と日本語の両方で調べ、選択した英語表現が実際に使われているかどうかを確認しながら英文を作成します。オンライン百科事典Wikipedia（https://en.wikipedia.org/wiki/Main_Page）で基礎的な内容を素早く確認したり、動画共有サイトYouTubeで関連技術の教育動画を探して学んだりすることが、正しい英文を書くことに役立ちます。

(c) 直訳による誤り ▷言葉の置き換えをやめ、意図する内容を伝える

和文と英文は、逐一対応するものではありませんので、言葉を置き換えるのではなく、和文が意図している「内容」を英語で伝えることが重要です。精度が高まった機械翻訳であっても正しく英訳することが難しい場合も少なくありません。まずは技術系英文ライターが和文の内容を正しく理解し、和文が意図している内容を正しく伝える努力をすることが大切です。

十分に調べても技術内容を理解できない場合には、和文作成者や関連する技術に詳しい技術者に直接尋ねるか、翻訳注により申し送りすることで、先の段階で英文が改善されるように配慮します。

また、元となる和文に非論理的な表現やあいまいな表現が含まれる場合であっても、それを和文の特徴として受け入れた上で、論理的で明確に伝える英文を作成します。

(d) 表記（句読点・略語・数の表記）の誤り
▷本章 p.82の「知っておきたい表記法」やスタイルガイドを読む

句読点、略語、数については、中学や高校の英語の授業では詳しく習わないことが多く、書き方を誤ってしまうことがあります。

例えば、ピリオド、コンマ、コロン、セミコロンをどのように使うか、略語をフルスペルで表記すべきかといったことを、学校で詳しく学べる機会は限られています。

また、例えば、「3個の領域」や「15個の領域」を英語で書く場合、「3」

や「15」を英単語で書くのか（threeやfifteen）、算用数字で書くのか（3や15）、といった数に関する決まりごとについて示した教科書も限られています。

　句読点、略語、数は、その表記法を学びさえすれば、誰でも正しく書くことができます。本章p.82の「知っておきたい表記法」を読むことで、表記法の概要を知ることができます。

　表記法についてさらに詳しく知るためには、出版物などにおいて統一した言葉使いを規定する手引きである「スタイルガイド」を読むとよいでしょう（次ページの「代表的なスタイルガイド」参照）。ライティングの過程で参照できるよう、スタイルガイドを1冊手元に置いておくことをおすすめします。

　　　　▶カタカナ語と略語を英語として扱わない
　カタカナ語と略語は、英語ととらえずに日本語として扱いましょう。辞書やインターネット検索などで対応する英語を調べて正しく表現することが大切です。

（e）スペルや数値の誤記 ▶チェックを徹底する
　人間の誤りを完全になくすことはできませんが、完成した英文を次の**方法で最低3回チェックする**ことにより、誤りが残る確率を低く抑えられます。
　〈1回目と2回目〉
　まず、完成した英文と元となる和文の双方をよく見比べながら英文をチェックします。その際、和文と英文が逐一に対応しているかどうかではなく、和文の内容がもれることなく、英文で正確に伝えられているかどうかをチェックします。最低2回、これを繰り返し行います。
　〈3回目（最終チェック）〉
　最終チェックとなる3回目は、和文原稿を見ないで、完成した英文技術文書のみを熟読します。図面などの別資料がある場合には参照し、論理的にすらすらと読めるか、内容に矛盾がないかに気を付けながら読みます。

　最終チェックは、品質チェックの役割も果たします。少しでもすらすらと読めない部分がある場合には、品質不良と判断し、書き直す必要があります。また、最終チェックで1つでも誤記が見つかるようであれば、1回目または2回目のチェックからやり直します。

　チェックは、パソコンの画面上よりも、印刷した紙面上で行うことで高確率で誤りが見つかるようです。
　チェックとチェックの間は、できるだけ時間をあけます。特に、最終

代表的なスタイルガイド

① *The Chicago Manual of Style*, The University of Chicago Press
　一般的なスタイルガイドの代表例。「シカゴマニュアル」やCMSと呼ばれる。アメリカのスタイルガイド。

② *Microsoft*[R] *Manual of Style for Technical Publications*, Microsoft Press
　Microsoft Cooperationによるスタイルガイド。

③ *The ACS Style Guide: Effective Communication of Scientific Information*, American Chemical Society
　アメリカ化学会（American Chemical Society：ACS）による化学分野のスタイルガイド。

④ *AMA Manual of Style: A Guide for Authors and Editors*, Oxford University Press
　アメリカ医師会（American Medical Association：AMA）によるメディカル分野のスタイルガイド。

⑤ *IEEE Editorial Style Manual for Authors*, The Institute of Electrical and Electronics Engineers
　The Institute of Electrical and Electronics Engineers（IEEE）による電気・情報工学分野のスタイルガイド。2024年1月現在、PDFによる無償提供（https://journals.ieeeauthorcenter.ieee.org/wp-content/uploads/sites/7/IEEE-Editorial-Style-Manual-for-Authors.pdf）。

⑥ *Physical Review Style and Notation Guide*, The American Physical Society
　American Physical Societyによる物理学分野のスタイルガイド。2024年1月現在、PDFによる無償提供（https://forms.aps.org/author/styleguide.pdf）。

⑦ *NASA SP-7084: Grammar, Punctuation, and Capitalization, A Handbook for Technical Writers and Editors*, NASA
　NASAによる航空分野のスタイルガイド。2024年1月現在、PDFによる無償提供（https://ntrs.nasa.gov/citations/19900017394/）。　　　　　　　　（順不同）

チェックの前は、最低一晩はあけるようにします。時間をあけて行うことで、読み手の立場に立って客観的に読むことができるためです。

　3回の自己チェックの後、他人に読んでもらうことができれば、誤りが残る可能性はさらに低くなります。

　このような人間によるチェックに加え、ソフトウェアで参照符号や訳漏れを確認するといった機械によるチェックも組み合わせます。加えて、英文の読み上げ機能で聴覚から英文をチェックすることも、不具合の抽出に役立ちます。

（2）リライト練習問題

■正しく書き直す

次の英文の太字部分を正しく書き直しましょう。〈　〉内に誤りの内容を示します。

(a)　Iron **melt** at **temperature** of approximately 1538 **degree** Celsius.〈文法〉
　（鉄は約1538℃で溶ける。）
　答[　　　　　　　　　　　　　　　　　　　　　　　　　　]

(b)　**Installing** the cleanup software, the computer operated efficiently.〈文法〉
　（クリーンアップソフトをインストールすると、コンピュータの動作が効率化できた。）
　答[　　　　　　　　　　　　　　　　　　　　　　　　　　]

(c)　Battery-**type** vacuum cleaners are ready for immediate use.
　〈直訳〉
　（バッテリー式の掃除機はすぐに使用できる。）
　答[　　　　　　　　　　　　　　　　　　　　　　　　　　]

(d)　The new hard drive **is 20TB**. 〈直訳・表記〉
（新しいハードドライブは20TBである。）
答[　　　　　　　　　　　　　　　　　　　]

(e)　The output voltage can vary in the range of **2.48V - 2.52V**.
〈表記〉
（出力電圧は2.48V〜2.52Vの範囲で変化する。）
答[　　　　　　　　　　　　　　　　　　　]

(f)　**HMD（Head-Mounted Display）** are used in virtual reality activities. **For example**, gaming, entertainment, and education.
〈表記・文法〉
（ヘッドマウントディスプレイは、バーチャルリアリティー、例えば、ゲーム、娯楽、教育に使用される。）
答[　　　　　　　　　　　　　　　　　　　]

解答

(a)　Ion melts at a temperature of approximately 1538 degrees Celsius.
解説 時制・三単現・複数形の-sに注意

　主語が三人称（私とあなた以外）、単数、そして時制が現在形のため、動詞meltに三単現の-sを使います。可算・不可算両方の用法を有するtemperature（気温）は、直後に1538℃という具体的な値が出てきているため可算名詞として扱い、単数形を表すaを必要とします。degreeは1538が複数のため複数形の-sが必要です。

(b)　The computer operated efficiently after the cleanup software was installed.
解説 主語のずれによる懸垂分詞に注意

　分詞の意味上の主語がその文の主語と異なってしまう懸垂分詞構文と呼ばれる文法上の誤りがあります（第3章 p.208「分詞構文」参照）。主語がそろわない場合には、分詞構文の使用を控えて受動態に修正します。

33

(c) Battery-powered vacuum cleaners are ready for immediate use.

解説 内容を解釈した適切な言葉を

　「型」や「タイプ」といった日本語は、typeと直訳せずに別の適切な表現を探します。「電池で駆動される」を意味する形容詞battery-poweredの使用が便利です。

(d) The new hard drive has a storage capacity of 20 TB.
　　または
　　The new hard drive can store up to 20 terabytes of data.

解説 言葉の置き換えによる誤りに注意

　「ハードドライブ」が「20TB」なのではなく、「記録容量（storage capacity）」が「20TB」であるため、「〜である」の直訳であるisからhave（〜を有する）に変更します。capacityは可算・不可算の両方がありますが、ここでは具体的な数値が出ているため、可算として扱い、不定冠詞aを使います。20とTB（テラバイト）は別の単語のため、間にスペースを空けます（p.82「知っておきたい表記法」参照）。また、別の表現として、「保存する」を表す動詞storeも使えます。その場合、保存する対象である「データ（data）」を加え、不可算名詞を数える文法事項であるa glass of water（一杯の水）と同じ要領で、20 terabytes of dataと表現します。

(e) The output voltage can vary in the range of 2.48–2.52 V.

解説 「数字＋単位」を正しく表記する

　数字の表記について、2つの数字を並べて値の範囲を表す際には、ハイフン (-) ではなくエンダッシュ (–) という記号を使い、スペースをなくします。一方、単位記号であるボルトの前には半角スペースが1つ必要です。エンダッシュを使わない場合には、in the range of 2.48 to 2.52 Vやbetween 2.48 and 2.52 Vのように単語toやandを使って表現します（p.82「知っておきたい表記法」参照）。

(f) Head-mounted displays (HMDs) are used in virtual reality activities. Examples of such activities include gaming, entertainment,

and education.
または
Head-mounted displays（HMDs）are used in virtual reality activities, including gaming, entertainment, and education.
または
Head-mounted displays（HMDs）are used in virtual reality activities, for example, gaming, entertainment, and education.

| 解 説 | 略語を正しく扱う

　略語はフルスペルではじめに記載し、丸括弧内に略語を書きます。略語の最後が数える名詞の場合には、単数と複数の整えも必要です。For example,以降が文章として成り立っていなかったため、区切った独立文 Examples include A, B, and C.とするか、includingまたはfor example, で文をつなぎます。

生成AIをどう活用するか

　ChatGPTをはじめとした生成AIは、ライティングの現場にどのような変化をもたらすでしょう。かつて計算機が現れて手動の計算が不要になったり、インターネット検索が可能になり、技術内容をはじめとした調べ物の媒体が書籍からインターネットに移行したりしたように、生成AIによって大きな変化が生じることが予想されます。Google検索の代わりに、またはGoogle検索に加えて、ChatGPTに尋ねることが当たり前になる可能性もあります。変化を恐れず、技術を活用するという意味で、技術英語のライティングや学習に活かせる生成AIの側面を3つ紹介します。

AI as Your Personal Language Tutor
―自分専用の英語コンサルタント

　英文ライティングにおいて、似通った単語の意味の違いを知りたいと思ったら、まずは英英辞書やインターネット検索で調べるでしょう。その上で、英語ネイティブに聞きたくなるような場面で、生成AIに尋ねるとよいでしょう。生成AIには、数多くのネイティブの知識にもとづいて答えてくれるという利点があります。

　例えば、「剥離」を表すpeel, separate, detachの違いが知りたいとします。辞書で調べたものの、使い方がわからない、または誰かに説明してもらいたい、という場面で英語ネイティブと生成AIから実際に得た回答を示します。

 peel, separate, detachの違いは何？

英語ネイティブの説明（米国人）
peel：ミカンの皮を剥く、あるいは購入したスマートフォンの画面に貼られているフィルムを剥がすようなイメージ。

36

separate：一般的な広義の語。
detach：基板から部品が剥がれるようなシーンでよく使われる。

ChatGPTの説明（2023年12月 筆者訳）
peel, separate, detachはいずれも「何かを外す」。違いは次の通り。
peel：外層や皮を取り除くこと。簡単に外せる被覆を有する果物や野菜などを連想する。物の中身に到達する意図で行うことが多い。
separate：種々の文脈で使える一般語。連結または共存している複数の物体を分けたり、区別したりする。物理的な境目を作ったり、別の部分に分けたり、連結を離したりする。
detach：全体から部分を切り離す、外す。元の場所や設置場所から取り除くことや、物理的または構造上の接続を切り離すことを示唆する。例：バインダーから書類を切り離す。

まとめ：peelは表層や表皮を取り除くこと。separateは、連結しているものを分けたり区別したりする一般語。detachは、元の連結部分や設置場所から切り離すこと。

　生成AIへの指示文には、「peel, separate, detach, difference」を使いました。このように、かなり短い指示文でも正しく理解してくれることが大半ですが、意図した回答が得られなかった場合や、さらに別の回答を得たい場合には指示文を変更し、再度尋ねるとよいでしょう。さらに質問するとすれば、「peel, separate, detach, differences between them as intransitive verbs（自動詞としての違いは）」や「peel, separate, detach, differences in technical context（技術的な文脈での違いは）」などと追加することも有効でしょう。

　このように、英語ネイティブによる回答も大変良いものですが、生成AIによる回答も十分にわかりやすいものです。いつでも気軽に尋ねることができるという点で、「自分専用の英語コンサルタント」としての役割を果たしてくれます。

なお、「ChatGPT can make mistakes. Consider checking important information.（ChatGPTは誤ることがあるため、重要な情報については確認してください。）」という注意書きがあるように、生成AIには、誤った回答を提示することがある、回答内容が最新のデータでない、といった欠点があることを理解した上で、上手に活用しましょう。

Basic Grammar Correction―基本文法の誤り抽出

　三人称単数現在形の-sの付け忘れや、冠詞や名詞の単複の判断ミス、といった基本的な文法上の誤りを抽出したい場合にも、生成AIをベースにしたツールが有効です。ChatGPTに限らず、DeepL Write（https://www.deepl.com/write）などの文法チェックツールも、手早く確認できて便利です。次のように、p.32の例文を即座に修正してくれます。

DeepL Write（2023年12月）

　なお、ChatGPTでも同じことができますが、「誤記を直して（correct errors）」などと指示する必要があります。今回の例文ではDeepL Writeと全く同じ出力結果でしたが、ChatGPTは、指示文に文法上の誤りがあっても理解するように設計されているためか、文法チェックツールに比べると文法誤記の抽出においては厳密さに欠けることにも留意が必要です。

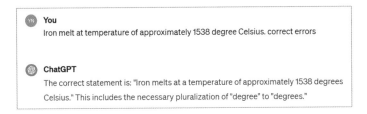

Generating ideas is the best part of Generative AI
—アイディアの生成元

ChatGPTなどの生成AIがGoogle翻訳やDeepL翻訳といった機械翻訳ツールと大きく異なるのは、指示文に応じた文章を書き出してくれるという点です。自分では思いつかないような表現や、英単語、アイディア、要約文などの作成が可能であり、それらを英語学習に無限大に活用することができます。例として、何か技術テーマを決めて、それについて英文ライティングを練習することを想定します。インターネット上にある日本語の文章を英訳して練習することも、ゼロから書き起こして練習することも可能ですが、いずれの場合にも、書き進める上で困ったら、生成AIに文章を書いてもらうとよいでしょう。加えて、もっと簡潔に書きたい、もっと学術的に書きたい、もっと自然な英文で書きたい、という場合にも、生成AIに頼んでいくつかのパターンで文章を提案してもらうことができます。ただし、生成AIにレポートを全て書いてもらうのではなく、あくまでも英文ライティングを勉強するため、適切な表現を吸収するために使用することをおすすめします。上手く活用することで、洗練された英語表現を学んだり、生成されたアイディアを楽しんだりすることができます。

こうした自由英作文の練習に加えて、例えば、インターネット上から適切な長さの英文記事を練習問題として抽出し、英語で要約文を作成する練習もできます。自分の作った要約文と、生成AIに作成してもらった要約文を見比べて学んだり、自分が作成した要約文を添削してもらったりすることで、効果的に学ぶことができます。

例えば、2023年度ノーベル物理学賞の記事「Experiments with light capture the shortest of moments」（https://www.nobelprize.org/prizes/physics/2023/press-release/）を要約してみましょう。400ワード程度の上記英文記事を、100ワードに自分で要約し、ChatGPTによる次の要約文と読み比べることが考えられます。

The 2023 Nobel Prize in Physics was awarded to Pierre Agostini, Ferenc Krausz, and Anne L'Huillier for pioneering ultra-short light pulses measured in attoseconds. These pulses, briefer than electrons' movements in atoms, enable observing rapid processes previously imperceptible. L'Huillier's 1987 discovery of light overtones led to this. Agostini in 2001 created light pulses as short as 250 attoseconds, and Krausz isolated light that lasted 650 attoseconds. This attosecond physics advancement aids in understanding electron-driven processes and has potential in electronics and medical diagnostics, enhancing precision in observing and controlling electron behavior in materials.

（93ワード）

　なお、ChatGPTには「summarize the following in 100 words」とお願いしたのですが、初回の出力は100ワードを超えていたので、再度「Less than 100 words」とお願いしたところ、このような上手な要約文が出力されました。

AI as a child—生成AIとの付き合い方

　最後に、生成AIを上手に活用するために理解しておきたい2つの基本的側面を説明します。根底となる考えとして、生成AIを人間の子供のような存在としてとらえ、相手を理解しながら付き合うことをおすすめします。

　1つ目は、生成AIが、ルールベースではなく頻度に基づいて言語を処理しているという側面を覚えておくことが役に立ちます。人間の子供は言語を習得するとき、様々な場面に接して言葉の使われ方を見ながら真似して使用します。ルールが提示されているわけではなく、多くの言葉に実際に触れて、頻度から表現を吸収します。その観点から生成AIの出力結果を見るようにすると、誤りを理解し、修正できる可能性が高まります。例えば、I go to school by bus.（バスで学校に行きます。）という英文について、「busは交通手段だから無冠詞」ということを、AIがルールではなく、出合う英文の頻度で理解していることに注意すると、生成AIがWe create application documents by computer.（申請書類をパソコンで作成する。）と出力した場合にも（実際に筆者が体験しました）、「by busやby trainからby computerも大丈夫と考えて使っているのだろう。ここはon the computerに正さなければならない」などと背景を推測して、修正できるようになります。

2つ目は、AIが子供と同じく、時として大人が予測できない（unpredictable）動きをするということを忘れないようにします。その性質を許し、大切に見守り、必要な環境と必要なケアを与えながら、可能であれば愛情をもって付き合うことによって、生成AIがあなたの素晴らしい助手となってくれるでしょう。

3. | Clear & Concise

（1）Clear & Conciseのテクニック

　英語表現を次のように工夫することで、ClearでConciseな英文を書くことができます。

（a）動詞を活かす
　（a)-1　具体的な動詞を使う
　（a)-2　動作を表す動詞を使う
　（a)-3　SVOを使う
　（a)-4　能動態を使う
　（a)-5　単文を使う
（b）具体的に書く
　（b)-1　抽象的な表現をやめる
　（b)-2　etc.をやめる
（c）不要な言葉を削除する
（d）やさしい単語を使う
（e）同じ表現を繰り返し使う
（f）肯定形を使う

（a）動詞を活かす
　Clearな英文を書くためには、動詞が決め手となります。具体的な動詞、動作を表す動詞を使い、SVOと能動態を使うことで、動詞を最大限に活かして明確、簡潔に表現できます。

(a)-1　具体的な動詞を使う

　意味が広く、動作を具体的に表すことができない動詞（do, perform, makeなど）の使用を避けます。非具体的な動詞とは、本来使うべき動詞を隠してしまったり、群動詞（イディオム）を構成したりする動詞のことです。つまり、具体的な動詞を使うことは、イディオムの使用を避けて動詞1語で表現することでもあります。例を見てみましょう。

> 部長が本年度の予算の改定を行った。

次の2つの表現例を比較してみましょう。

①The manager made an update to the year's budget.　···△
②The manager updated the year's budget.　··· ○

　①では、イディオム（群動詞）を作りがちな動詞makeを使い、updateを名詞で使用しています。名詞updateには冠詞anと前置詞toが必要になるため、冠詞や前置詞を誤らないように注意が必要です。
　②では、①で名詞として隠れていたupdateを動詞で使い、**動詞を活かしてSVO**で表現しています。

(a)-2　動作を表す動詞を使う

　be動詞は、「状態」を表す静的な動詞です。動作を表す別の動詞が使える場合には、be動詞の使用を避けます。

> 金属は、熱と電気の伝導体である。

次の2つの表現例を比較してみましょう。

①Metals are conductors of heat and electricity.　···△
②Metals conduct heat and electricity.　··· ○

①では、静的な動詞を使っています。②では、**動作を表す動詞を使い、動詞を活かした表現**となっています。どちらの表現も使えるようにした上で、短く表せる後者の使用を場面に応じて検討しましょう。

(a)-3　SVOを使う

SVO（誰か／何かが、何かをする）は、5つの文型の中で、最も力強い印象を与える表現となります。SVOを使うことで、単語数が減り、明確な印象を与えることができます（第2章 p.133「文型」参照）。

工場を自動化することで、生産性が上がる。

次の2つの表現例を比較してみましょう。

①Factory automation results in increased productivity.　⋯△
②Factory automation increases productivity.　⋯○

①では、SVを使っています。result inは、その後ろに名詞形が必要になるため、文構造が複雑になります。②では、**SVOを使い、動詞を活かした表現**となっています。

(a)-4　能動態を使う

受動態を使った英文は、弱い印象を与えます。能動態を使うことで、力強い印象を与えることができ、単語数も減ります。

技術文書の英文は、主に「人」ではなく「もの」について書きますので、「もの」を主語とした受動態が増えるのはある程度仕方がありませんが、「もの」を主語とした上で、能動態で書けないかを検討します（第2章 p.156「能動態と受動態」参照）。

エネルギーがチョークコイルに蓄積される。

次の3つの表現例を比較してみましょう。

①Energy is accumulated in the choke coil.　…△
②The choke coil accumulates energy.　…○
③Energy accumulates in the choke coil.　…○

　①では、受動態のため単語数が多くなっています。②では、受動態を避ける工夫をしていますが、choke coilが主語になっています。choke coilではなくenergyを主語にしたい場合には不適切です。動詞accumulateは自動詞と他動詞（第2章 p.124「自動詞と他動詞」参照）の両方として使えるため、is accumulated→accumulatesと態を変換すれば、主語を変えずに**能動態を使う**ことができます。

(a)-5　単文を使う

　主語と動詞を1セットのみ使った単文構造を主に使用します。接続詞whenやifを使って構成する、主語と動詞を2セット使う複文構造は、英語では日本語ほど多く必要ではありません。

> 二次電池が物理的に少しでも損傷すると、ショートする可能性がある。

　次の2つの表現例を比較してみましょう。

①If any minor physical damage occurs in a rechargeable battery, it can cause a short circuit.　…△
②Any minor physical damage to a rechargeable battery can cause a short circuit.　…○

　①では、ifを使った複文構造を使っており、単語数が多くなっています。②では、主語「物理的な損傷」から文を開始する単文で表現しています。

(b)　具体的に書く

　元となる和文が具体的でない場合でも、英文では具体的に書くことを検討します。また、「等」を表すetc.を避けるために表現を工夫することも大切です。

(b)-1 抽象的な表現をやめる

抽象的な表現は、あいまいな印象を与えてしまいます。伝えるべきことを具体的に書きます。

> この携帯充電器はサイズと重さが素晴らしい。

次の2つの表現例を比較してみましょう。

①The mobile charger is excellent in size and weight. …△
②The mobile charger is compact and lightweight. … ○

①では、間接的な表現を使ったために単語数が多くなり、かつ、あいまいになっています。②では、伝えたい内容を**具体的に表現して**います。

(b)-2 etc.をやめる

「等」を表すetc.は、できるだけ避けます。etc.を使ってもよいのは、「等」に続く事象を読み手が完全に予測できる場合だけです。

和文の技術文書には、記載した事象に限定されず、記載した事象以外の内容も含む可能性があるということを示すために「等」が使われることがありますが、和文の「等」を英文に含める必要がないと判断すれば単純に削除し、英文に含める必要があると判断すれば、記載した事象以外の内容を含むように具体的に表現します。

> 太陽は、水素、ヘリウム等から構成される。

次の3つの表現例を比較してみましょう。

①The sun is composed of hydrogen, helium, etc. …△
②The sun is composed of hydrogen, helium, and other gases. … ○
③The sun is composed primarily of hydrogen and helium. … ○

①では、「等」を表すetc.が読み手の目をとめるとともに、その先に何が続くかが読み手に不明となる可能性があります。②のように**具体的に書く**ことで、**etc.を使わずに「等」を表現する**ことができます。また、③のように副詞primarilyを挿入することによって、言い切らずに可能性を広げることができ、**etc.の使用を回避**できます。

（c）不要な言葉を削除する

不要な単語は削除して、できるだけ短く表現します。

> クラウドコンピューティングを利用すれば運営経費が減る。

次の2つの表現例を比較してみましょう。

①The use of cloud computing reduces operating expenses. ···△
②Cloud computing reduces operating expenses. ···○

①はThe use of（〜の利用）を削除しても文意が伝わります。②は、**冗長のない簡潔な表現**です。

（d）やさしい単語を使う

凝った単語や長い単語によって、英文が読みづらくなります。名詞をはじめとした分野の専門用語以外については、誰でも知っているやさしい単語を使います。特に平易な動詞を使うことで英文が読みやすくなります。

英文を書くことに慣れてくると、辞書から抜き出した難しい表現を使いたくなることがありますが、常に読み手にとってわかりやすいことを意識する必要があります。

> 薬物送達における生分解性高分子の利用可能性が、報告書により明らかになっている。

次の3つの表現例を比較してみましょう。

①Our report elucidates the potential of biodegradable polymers in drug delivery.　…△

②Our report clarifies the potential of biodegradable polymers in drug delivery.　…○

③Our report highlights the potential of biodegradable polymers in drug delivery.　…○

　①では、elucidate（〜を解明する）という難しい表現が使われています。②のclarify（〜を明らかにする）や③highlight（〜を浮き彫りにする）のほうが、多くの読み手が理解できる**やさしい表現**です。なお、名詞「生分解性高分子」をhigh molecules that can break downとする必要はなく、読み手の知識レベルに合せた専門用語biodegradable polymersを使うことで、負担なく読み進めることができます。

(e) 同じ表現を繰り返し使う

　同じ文書の中で同じことを表すには、はじめに選んだ単語や表現を一貫して使います。

　同じ表現を繰り返し使うと、単調になってよいのか不安になるかもしれませんが、単調な英文は読みやすいものです。1つの文書の中で使用する単語や表現の種類を最小限にします。

> オブジェクトトラッキングとは、映像中の物体をカメラで特定して追跡することである。高度なトラッキング技術により、複雑な環境でも物体と背景を区別できる。

Object tracking involves locating and following objects in video using a camera. Advanced tracking techniques can differentiate subjects from the background in complex environments.
　…△

2回出てくる「物体」をobjectとsubjectの2種類の単語で言い換えると、

読み手が迷ってしまうでしょう。この場合、言い換えずに**同じ表現を繰り返す**ことで、読みやすくなります。

（f） 肯定形を使う

否定の内容を肯定形で表現することで、単語数が減り、明確な印象を与えます。また、否定的な印象を与えずに内容を伝えることができます。

技術文書の英文とは本来、「〜をしない」、「〜は〜でない」のような否定形ではなく、「〜をする」、「〜は〜である」のように、肯定形を使って書くべきものです。その観点からも、否定の内容を肯定形で表現することが大切です。

> 一酸化炭素には色や臭いがない。

次の3つの表現例を比較してみましょう。

①Carbon monoxide does not have any color or odor.　···△
②Carbon monoxide has no color or odor.　···○
③Carbon monoxide is colorless and odorless.　···○

①では、否定形を使うことにより、否定的な印象を与えるとともに、単語数が多くなっています。②では、**肯定形を使って否定の内容を表しており、単語数も少なく、明確な印象**を与えています。③では、**肯定形を使って否定の内容を表して**おり、単語数も少なく、否定的な印象を与えずに「一酸化炭素」の特徴を明確に描写しています。

（2） リライト練習問題

■ 明確で簡潔に書き直す

> 次の英文の太字部分を明確で簡潔に書き直しましょう。〈 　〉内に使用する英語表現の工夫を示します。

(a) Table 1 **is a list of** commands essential for operating the software.〈動作を表す動詞を使って〉
(表1は、本ソフトウェアの動作に必須のコマンドのリストである。)
答[   ]

(b) Only authorized users **can make access to** our server.
〈具体的な動詞を使って〉
(認証されたユーザのみがサーバーにアクセスできる。)
答[   ]

(c) **By** simply cleaning or replacing the filter, the cooling performance of the air conditioner **may be improved**.〈能動態を使って〉
(フィルターを掃除するか交換するだけでも、エアコンの冷却性能が改善するかもしれない。)
答[   ]

(d) The morning meeting **commences** at 9:30 and usually **finishes** at around 9:50.〈やさしい単語を使って〉
(朝礼は9時半に開始し、通常9時50分頃に終了する。)
答[   ]

(e) A patient's weakened immune system **may not be able to** respond to common infections.〈肯定形を使って〉
(患者の免疫系が弱っていると、感染症に適切に対応することができない場合がある。)
答[   ]

(f) **If** an object such as a human **exists** near an antenna, changes **occur** in the directivity of the antenna.〈単文を使って〉
(近くに人体といった物体が存在すると、アンテナの指向性に変化が生じる。)
答[   ]

解答

(a)　Table 1 lists commands essential for operating the software.

解説 隠れている動詞を探す

　名詞として隠れている本来の動詞listを使います。listを名詞ではなく動詞として使うことで、単語数が減り、引き締まった印象を与えるSVOで書くことができます。

(b)　Only authorized users can access our server.

解説 イディオム表現（make access to）を避けて、動詞1語を使う

　弱い動詞makeの使用を避けることで、イディオム表現、つまり群動詞の使用を避けます。イディオム表現は、会話では便利ですが、書き言葉では使用を控えるのがおすすめです。accessは他動詞（第2章 p.124「自動詞と他動詞」参照）として使うことができます。他動詞として使うことで、直後に目的語を置くことができ、前置詞が不要になります。accessを動詞ではなく名詞として使った場合には、別の動詞haveを使い、Only authorized users have access to our server. と表現できます。makeはmake access toで「〜にアクセスする」を表し、本来の動詞accessを隠してしまう非具体的な動詞ですが、一方、haveは「〜を有する」という一意に定まる動詞のため、万能で活用価値が高いと考えられます。

(c)　Simply cleaning or replacing the filter may improve the cooling performance of the air conditioner.

解説 能動態を使う

　「フィルターを掃除するか交換するだけのことが、エアコンの冷却性能が改善するかもしれない。」のように、SVOの形に和文を書き直してから英文を作成します。SVOを使うことにより、コンマを伴う名詞節がなくなり、短く読みやすい表現となります。また、能動態により明快な印象を与えることができます。

(d)　The morning meeting starts at 9:30 and usually ends at around 9:50.

　commence（開始する）は、格式ばった難しい単語です。誰でも知っているやさしい単語startを使います。beginとfinish（開始する・終える）は、commenceほどではありませんが、あらたまった場面で使う表現です。そこで、より簡単なstartとendに変更します。

(e)　A patient's weakened immune system may be unable to respond to common infections.
　　　または
　　　A patient's weakened immune system may fail to respond to common infections.

解 説 否定の内容を肯定表現で表す

　notを使わずに表すために、able（可能）→unable（不可能）の反対語に変更するか、cannotをfail to（～できない）に変更することができます。いずれも否定の内容を肯定形で表せる便利な表現です。

(f)　An object such as a human near an antenna can change the directivity of the antenna.

解 説 主語から文を開始する単文で表す

　日本語は、無生物である「物体」を主語にして「物体が変化を起こす」といった無生物主語の表現が英語よりも少なく、「～すると」などと表現をするため、英語でifやwhenが使われがちです。英語のif節やwhen節を最小限にして、より簡潔な表現を選択することがおすすめです。An objectのように不定冠詞anを伴った名詞を主語にして、主語→動詞→目的語を並べることで、ifを使った場合と同様のニュアンスを表せます。

具体的で明快な英語の動詞の世界

動詞1語で具体的に表す

　「技術文書の英文ライティングでは、イディオム（群動詞）の使用を避けて動詞1語を使いましょう」と英語論文執筆の授業で受講生に伝えると、「それでは、イディオムの存在意義は何ですか。」という質問が寄せられました。存在している表現にはすべて用途や意義がありますので、イディオムも決して忌み嫌うものではなく、役割があるのは事実です。イディオム（群動詞）は、主に話し言葉で活躍すると考えています。理由は、イディオムを構成する各単語が簡単で聞き取りやすいですし、話す側としても、イディオムを使って1単語ずつゆっくり発音し、時間を使って考えながら、会話をすすめることができるためです。

　一方、書き言葉では、聞き取りやすいmakeやbringやtakeといった群動詞を作る類の動詞よりも、1語で視覚的に目に留まり、読めば具体的な意味が頭に入ってくる動詞のほうが、効率良くコミュニケーションを進められるのです。さらには、動詞を活かした表現を使っておけば、名詞にまつわる数や冠詞の判断や前置詞の選択が不要になり、英文を組み立てる際の負担が減ります。そこで、直後に目的語を配置してSVO構文を作れる1語で具体的な意味を有する効果的な他動詞を練習します。

名詞として隠れている動詞を探そう

AIによって、デジタルマーケティングに革命がもたらされた。
Artificial intelligence (AI) has brought a revolution to digital marketing.
　⋯△
Artificial intelligence (AI) has **revolutionized** digital marketing.
　⋯○

revolutionize（〜に革命をもたらす）を使うことで、名詞revolutionを使っ

た場合に必要な冠詞aや前置詞toが不要になります。1語で表せる効果的な動詞を使うことで、正しく文を組み立てることができるようになります。

酵素は生物学的システムの様々な反応において触媒として機能する。
Enzymes work as catalysts in various reactions in biological systems.
　　…△
Enzymes **catalyze** various reactions in biological systems.
　　… ○

　catalyst（触媒）という名詞ではなく、動詞catalyze（触媒として働く）を使えば、少ない単語数で表現でき、さらにはcatalystをenzymeに合わせて複数形にする、といった名詞にまつわる判断が不要になります。

接頭辞outで「超える」を表す効果的な動詞を使おう

太陽光発電の利点は、コストを上回ると考えられる。
The advantages of solar photovoltaic（PV）energy generation are greater than their costs.　…△
The advantages of solar photovoltaic（PV）energy generation **outweigh** their costs.　… ○

　outweighはweigh（重みがある）に接頭辞outが付いた単語で、「〜より重要である」を表します。be greater than（〜よりも大きい）の代わりに1語で表せます。

公立病院の中には、患者数がベッド数を上回っているところもある。
The number of patients is greater than the number of beds at some public hospitals.　…△
Patients **outnumber** beds at some public hospitals.　… ○

　outnumber（〜よりも数が勝る）という便利な動詞を知っていれば、the number is greater thanに比べて、半分以下の単語数で表せます。

技術的な内容に使える他動詞を増やそう

多くの産業界において、肉体労働を最先端ロボットに置きかえることができる。
Advanced robots can take the place of manual labor in many industries. ⋯△
Advanced robots can **replace** manual labor in many industries. ⋯○

replace（〜に置き換える）を使えば、take the place of（〜に取って代わる）を1語で表すことができます。様々な場面で使用できます。

組み立て工程は、定期的な調整を行っている。
The assembly line is subjected to regular adjustments. ⋯△
The assembly line **undergoes** regular adjustments. ⋯○

undergo（〜を経験する・受ける）を使えば、be subjected to（〜を施される）と異なり、能動態で表現できます。無生物を主語にして「処理を受ける」と表したいときに便利です。

最新のデジタルカメラのレンズの焦点距離は、人間の視野角に近い。
The focal length of the latest digital camera lens is similar to the field of view of the human eye. ⋯△
The focal length of the latest digital camera lens **resembles** the field of view of the human eye. ⋯○

be similar to（〜と似ている）の代わりに、resemble1語で表すことができます。「人に似ている」という意味で学校の英語の授業で習った記憶があるかもしれませんが、物の形状が何かに似ているときに広く使えて便利です。

　一意に定まる様々な動詞を紹介しました。動詞の部分を簡潔で明確に表

55

すことができれば、文構造がわかりやすいため読みやすくなり、英文を組み立てる際の負担も軽減できます。

4. センテンス

（1）センテンスの決まり

■ 1つのセンテンスで1つのことを伝える

　英語のセンテンスの決まりは、「**1つのセンテンスで1つのことを伝える**」です。1つのことだけを伝えるように書くことで、センテンスは読みやすくなります。

　日本語の1文を、英語の1センテンスに対応させる必要はありません。日本語の1文に異なる種類の内容が混在している場合には、それを解きほぐして、英語では、1つのセンテンスで1つのことを伝える、または少なくともメインのメッセージを1つに絞るように書きます。

（2）センテンスの構成の仕方

■ 短く区切って後でつなぐ

　1つのセンテンスで1つのことだけを伝えるためには、まずはセンテンスを短く区切ります。それから情報を整理して、つなぎ直します。関係代名詞や分詞、または等位接続詞andなどを使ってつなぐことができます。

〈例1〉

窒素は自然界に豊富に存在しており、動植物の成長と生殖に不可欠である。

Nitrogen is abundant in nature, and it is essential for growth and reproduction in plants and animals.

「窒素は自然界に豊富に存在する。」、「窒素は動植物の成長と生殖に不可欠である。」という2つの異なる情報が入っています。2つに区切り、改めてつなぎ直します。

区切る

Nitrogen is abundant in nature. It is essential for growth and reproduction in plants and animals.

つなぐ

Nitrogen, which is abundant in nature, is essential for growth and reproduction in plants and animals.

「窒素は動植物の成長と生殖に不可欠である。」がメインのメッセージとなり、読み取りやすくなりました。

〈例2〉

ディープラーニングモデルはブラックボックスであって、予測には不確実性が存在している。

Deep learning models are black boxes and their predictions involve uncertainties.

「ディープラーニングモデルはブラックボックスである。」、「その予測には不確実性が存在している。」という、因果関係のある2つの情報が1文に入っています。読みやすく配置するために、区切って、主語をそろえてからつなぎ直します。

区切る（主語をそろえる）

Deep learning models are black boxes. Such models involve uncertainties in their predictions.

つなぐ

Deep learning models are black boxes and involve uncertainties in their predictions.

主語がDeep learning modelsにそろったことから、andの後の主語を省略でき、読みやすさを維持したまま1文で表現することができました。

〈例3〉

QB社は現在、約10万人の従業員を有し、15カ国で製造事業を展開する世界最大の半導体メーカーであり、マイクロプロセッサーからメモリーチップ、パワーデバイスに至るまで、様々な半導体製品を提供している。

QB company is the world's largest semiconductor manufacturer and has about 100,000 employees and manufacturing operations in 15 countries, and offers a variety of semiconductor products ranging from microprocessors to memory chips and power devices.

複数の情報が1つの文章に混在していて、読みづらくなっています。複数の文に区切り、情報を整理してからつなぎます。

区切る

QB company is the world's largest semiconductor manufacturer. QB has about 100,000 employees and manufacturing operations in 15 countries. QB offers a variety of semiconductor products ranging from microprocessors to memory chips and power devices.

1文目と2文目の関連が強いと考え、関係代名詞の非限定用法や分詞構文を使ってつなぎます。2文目と3文目は、分詞を使ってつなぎます。

つなぐ1

QB company, which has about 100,000 employees and manufacturing operations in 15 countries, is the world's largest semiconductor manufacturer, offering a variety of semiconductor products ranging from microprocessors to memory chips and power devices.

　このほかにも、2文目を補足情報として、分詞構文として配置するこ

とが可能です。その場合、2文目と3文目は、「世界最大の半導体メーカー」と「さまざまな半導体製品を提供」を関連の強い情報ととらえて接続詞andでつなぐことが可能です。

つなぐ2

Having about 100,000 employees and manufacturing operations in 15 countries, QB company is the world's largest semiconductor manufacturer and offers a variety of semiconductor products ranging from microprocessors to memory chips and power devices.

いずれの場合も、一度区切ってつなぎ直すことで、情報が得やすい文になりました。

■センテンス同士を正しくまとめることが重要

　センテンスの構成の仕方で大切なことは、はじめからまとめて書こうとしないことです。はじめに短く区切ることにより、どの部分をどのようにまとめればよいかについて書き手自身が把握しやすくなり、最終的に完成するセンテンスがより読みやすくなります。

　また、内容を正しく理解することで、センテンス同士を正しくまとめることが重要です。内容の理解に不安がある場合には、短く区切ったセンテンスのままにしておくことも可能です。和文作成者などに相談しながらセンテンスをまとめる作業を行えるのが理想的です。

センテンスのPOINT
- 1つのセンテンスで1つのことを伝えるように、短く区切って書く。
- 短く区切って書いた後、関連する複数のセンテンスをまとめると、読み手の要求に応じた読みやすいセンテンスが完成する。

動詞defineの使い道

defineは「定義する」だけ？

学校で習う動詞defineの意味といえば、「(用語などを)定義する」が一番に思い浮かぶかもしれません。次のような例です。

Wavelength is defined as the distance between two points with the same amplitude.
(波長とは、振幅が等しい2点間の距離として定義される。)

defineが表す「境界を定める」、「輪郭をはっきりさせる」

一方、defineは、「(用語などを)定義する」以外にも、広く活用できる動詞です。「境界を定める、輪郭をはっきりさせる」という意味があり、様々な日本語に対応して使えます。defineを活用できる例を見てみましょう。

〈例1〉

「オフィス内のパーティションによって、個々の従業員のワークスペースが確保されている。」を英語で表したい場合に、例えば「確保されている」をformと考え、次のように表現するかもしれません。

The partitions in the office form workspaces for individual workers.

これでも間違いではありませんが、「ワークスペース」の境界があまりはっきりしない表現となっています。

〈例2〉
「その感染症の確実な治療法はまだ確立していない。」はどうでしょう。
「確立する」にestablishを使うと、次のような表現になります。

No reliable treatment methods have been established for the infection.

　これでも正しい表現ですが、「確立」を表す別の表現はないでしょうか。
　この2つの例で、formとestablishの代わりに、次のように、defineを使うことができるのです。

〈例1′〉
The partitions in the office define workspaces for individual workers.
（ワークスペースが確保されている。）

〈例2′〉
No reliable treatment methods have been defined for the infection.
（方法が確立されていない。）

　動詞defineを使うことにより、より英語らしく、より明確に表現することができました。

　動詞defineの例のように、中学や高校で習う比較的簡単な単語が、技術文書の英文で思いのほか活躍することがあります。そのような単語を見つけるためには、辞書をこまめに引いて用例を確認すること、そして多くの英文を読むことが大切です。

5. パラグラフ

（1）パラグラフの決まり

■ 1つのパラグラフは1つの話題について書く

　英語のパラグラフの決まりは、「**1つのパラグラフは1つの話題について書く**」です。各パラグラフを構成する複数のセンテンスが、すべて、そのパラグラフの話題に関連するように書きます。

　一方、和文の「段落」は、英文のパラグラフとは異なり、書き手が「そろそろ区切ろうかな」と思った場所で適当に改行して構成されていることがあります。その結果、いろいろな話題に関する内容が盛り込まれています。また、和文の段落中では、書き手が思いついたままの順序で、各文章が並んでいたり、段落で一番大切な内容が段落の最後に置かれることも多くあります。元となる和文の段落がどのようなものであっても、英語ではパラグラフの決まりに従って、1つのパラグラフは1つの話題についてのみ書くことが重要です。

■ 話題を明示してから詳しく説明する

　英語のパラグラフでは通常、話題をはじめに明示し、その後、その話題について詳しく説明していきます。

　話題を明示するセンテンスを**トピックセンテンス**（topic sentence）、詳細を説明するセンテンスを**サポーティングセンテンス**（supporting sentence）と呼びます。トピックセンテンスに続く複数のサポーティングセンテンスは、読み手が期待する順序で並べます。トピックセンテンスとサポーティングセンテンス、そしてセンテンスを並べる順序について、次項「パラグラフの構造」で詳しく説明します。

（2）パラグラフの構造

■ トピックセンテンスとサポーティングセンテンス

トピックセンテンスは、**パラグラフの話題を示す**センテンスで、話題を明示するように書きます。多くの場合、トピックセンテンスはパラグラフのはじめに置きます。

トピックセンテンスは、読み手が文書全体を容易にすばやく読むために重要な役割を果たします。読み手は、各パラグラフのトピックセンテンスだけを読み、パラグラフの内容を把握することができるためです。パラグラフの内容が必要であると判断すれば、読み手はパラグラフ全体を読みます。不要と判断すれば、パラグラフを読み飛ばすことができます。

サポーティングセンテンスは、**パラグラフの話題の詳細を説明する**センテンスです。パラグラフで扱う話題について、その正当性を明らかにしたり、詳しく説明したりします。多くの場合、トピックセンテンスに続いて、複数のサポーティングセンテンスを置きます。複数のサポーティングセンテンスは、一定の論理的順序に従って並べます。論理的順序については、この後の「パラグラフの論理展開」の項で説明します。

■ パラグラフの長さ

各パラグラフは、読み手が一息つける程度の長さが適切です。対象となる読み手によって、適切な長さは異なります。報告書や論文（第4章 p.247「技術論文」、p.302「技術報告書」参照）であれば、5 ～ 6行がよいでしょう。マニュアル（説明書）（第4章 p.279「マニュアル（説明書）」参照）では、短い文章で手順を説明し、読み手のレベルに合わせて平易に書くことが求められますので、適切なパラグラフの長さは2 ～ 3行と考えられます。

■ パラグラフの論理展開

読み手が期待する順序でパラグラフの内容を展開するために、パラグラフを構成するセンテンスは、一定の論理的順序に従って並べる必要があります。

使用する論理的順序を示します。

(a) 時間順 (time)
(b) 空間順 (space)
(c) 重要度順 (priority)
(d) 一般事項から特定事項へ (general to particular)
(e) 「何」から「どのように」へ (what to how)
(f) 「知られているもの」から「知られていないもの」へ (known to unknown)

　なお、この論理的順序は、パラグラフ内の論理展開だけでなく、文書全体の論理展開にも使用することができます。

(a) 時間順 (time)
　作業や使用手順などを時間に沿って説明します。もしくは、過去の出来事を起こった順番に説明します。

　次の例では、「高速度撮影」の実用化から発展が時間順に沿って説明されています。

The first practical application of high-speed photography was Eadweard Muybridge's 1878 investigation into whether horses' feet were actually all off the ground at once during a gallop. The first photograph of a supersonic flying bullet was taken by the Austrian physicist Peter Salcher in Rijeka in 1886, a technique that was later used by Ernst Mach in his studies of supersonic motion. German weapons scientists applied the techniques in 1916, and the Japanese Institute of Aeronautical Research manufactured a camera capable of recording 60,000 frames per second in 1931.

出典：Wikipedia:「High-speed photography」
https://en.wikipedia.org/wiki/High-speed_photography（2024年1月閲覧）

　高速度写真がはじめて実用化されたのは、疾走中の馬の足が地面から一度にすべて離れるかどうかに関するエドワード・マイブリッ

65

ジが1878年に行った調査であった。1886年、オーストリアの物理学者ペーター・ザルヒャーによって、超音速で飛行する弾丸の最初の写真がリエカ（注：クロアチア共和国の都市）で撮影され、この技術は後に、エルンスト・マッハによって超音速運動の研究に使用された。1916年、ドイツの兵器科学者によってこの技術が応用され、1931年、日本の航空研究所によって毎秒60,000フレーム記録可能なカメラが製造された。

（和訳は筆者。以下同じ。）

次の例では、「超音波コンピュータ断層計における測定手順」が時間軸にそって順に説明されています。

Ultrasound computer tomographs use ultrasound waves to create images. In the first measurement step, a defined ultrasound wave is generated with typically Piezoelectric ultrasound transducers, transmitted in direction of the measurement object and received with other or the same ultrasound transducers. While traversing and interacting with the object the ultrasound wave is changed by the object and carries now information about the object. After being recorded, the information from the modulated waves can be extracted and used to create an image of the object in a second step.

出典：Wikipedia:「Ultrasound computer tomography」
https://en.wikipedia.org/wiki/Ultrasound_computer_tomography（2024年1月閲覧）

超音波コンピュータ断層計では、超音波を利用して画像が作成される。最初の測定工程では、超音波が通常圧電型超音波トランスデューサで生成され、測定対象物の方向に送信され、他または同じ超音波トランスデューサで受信される。超音波は、対象物を横切り相互作用する間に対象物によって変化し、対象物に関する情報を伝える。記録の後、変調波から情報が抽出され、次工程における対象物の画像作成に利用される。

(b) 空間順（space）

「上から下」、「左から右」、「1つの処理に沿って」などの一定の空間順序に沿って説明します。構造物の説明などに使います。

次の例では、「ロボットアーム」の説明に際して、ロボットアームが機械アームの一種であることから開始し、その構造を、関節におけるリンクの接続からリンク末端部のエンドエフェクターまで、内から外側へ向かって説明しています。

> A robotic arm is a type of mechanical arm, usually programmable, with similar functions to a human arm; the arm may be the sum total of the mechanism or may be part of a more complex robot. The links of such a manipulator are connected by joints allowing either rotational motion (such as in an articulated robot) or translational (linear) displacement. The links of the manipulator can be considered to form a kinematic chain. The terminus of the kinematic chain of the manipulator is called the end effector and it is analogous to the human hand.
>
> 出典：Wikipedia：「Robotic arm」
> https://en.wikipedia.org/wiki/Robotic_arm（2024年1月閲覧）

ロボットアームとは、通常プログラム可能な機械アームの一種であり、人間の腕と同様の機能を有する。ロボットアームは、機構の総体の場合もあれば、複雑なロボットの一部の場合もある。回転運動（例：多関節ロボット）や並進（直線）変位を可能にする関節によってマニピュレーターの複数リンクが互いに接続され、運動連鎖が構成される。マニピュレーターの運動連鎖の末端部には、人間の手に類似するエンドエフェクターが設けられている。

（c）重要度順（priority）

重要度の高い事柄から順番に説明します。複数の事実を述べる場合や、決定事項を述べる場合などに使用します。

次の例では、「世界人権宣言採択75周年」を重要事項として述べています。

On Human Rights Day, the European Union joins the world in celebrating the 75th anniversary of the adoption of the Universal Declaration of Human Rights (UDHR). This landmark document laid the foundation for our global human rights system as well as national laws and international treaties protecting and promoting human rights, including the ECHR in Europe. It remains as valid and crucial today as it was 75 years ago.

出典：Council of the EU Press release 9 Dec. 2023, 14:00, ©European Union 2023
https://www.consilium.europa.eu/en/press/press-releases/2023/12/09/human-rights-day-statement-by-the-high-representative-on-behalf-of-the-european-union/
（2024年1月閲覧）

　世界人権デーにおいて、欧州連合は、世界人権宣言採択75周年を世界とともに記念して祝う。この画期的な宣言によって、欧州人権裁判所などの人権を保護・促進する国内法や国際条約の基礎が築かれ、さらには世界的な人権制度の基礎が築かれた。75年前から存在する宣言であって、今日でも依然として有効かつ重要である。

（d）一般事項から特定事項へ（general to particular）

概要から細かい部分へと順番に説明します。

次の例では、「地表に自然に存在する化学元素」の話題をはじめに提示し、続いて個々の元素の詳細な説明を述べています。

A large fraction of the chemical elements that occur naturally on the Earth's surface are essential to the structure and metabolism of living things. Four of these elements (hydrogen, carbon, nitrogen, and oxygen) are essential to every living thing and collectively make up 99% of the mass of protoplasm. Phosphorus and sulfur are also common essential elements, essential to the structure of nucleic acids and amino acids, respectively. Chlorine, potassium, magnesium, calcium and phosphorus have important roles due to their ready ionization and utility in regulating membrane activity and osmotic potential. The remaining elements found in living things are primarily metals that play a role in determining protein structure. Examples include iron, essential to hemoglobin; and magnesium, essential to chlorophyll.

出典：Wikipedia:「Biological roles of the elements」
https://en.wikipedia.org/wiki/Biological_roles_of_the_elements（2024年1月閲覧）

　地表に自然に存在する化学元素の多くは、生物の構造と代謝に不可欠である。うち4つの元素（水素、炭素、窒素、酸素）は、全生物に必須であり、原形質の質量中、全体で99％を占めている。リンと硫黄も共通の必須元素で、リンは核酸の構造に、硫黄はアミノ酸の構造に不可欠である。塩素、カリウム、マグネシウム、カルシウム、リンは、イオンになりやすく、膜活性や浸透圧ポテンシャルの調節に役立つため重要な役割を担っている。生物に存在する残りの元素は主に金属で、金属はタンパク質構造を決定する役割を担っている。例えば、鉄はヘモグロビン、マグネシウムは葉緑素に不可欠である。

(e) 「何」から「どのように」へ（what to how）

　説明するものが何かを述べてから、それを達成する方法を説明します。
　次の例では、「滴定」が何をする方法かを説明し、続いて滴定の方法を説明しています。

Titration (also known as titrimetry and volumetric analysis) is a common laboratory method of quantitative chemical analysis to determine the concentration of an identified analyte (a substance to be analyzed). A reagent, termed the titrant or titrator, is prepared as a standard solution of known concentration and volume. The titrant reacts with a solution of analyte (which may also be termed the titrand) to determine the analyte's concentration. The volume of titrant that reacted with the analyte is termed the titration volume.

出典：Wikipedia：「Titration」https://en.wikipedia.org/wiki/Titration（2024年1月閲覧）

　滴定（滴定、容量分析とも呼ばれる）は、特定の被分析物（分析対象物）の濃度測定のための定量化学分析の一般的実験方法である。濃度と容量が既知である標準溶液として、滴定液または滴定剤と呼ばれる試薬を調製する。滴定剤を、分析対象物の溶液（滴定試料とも呼ばれる）と反応させ、分析対象物の濃度を決定する。分析対象物と反応した滴定剤の量を滴定量という。

(f) 「知られているもの」から「知られていないもの」へ（known to unknown）
　従来の説や既存の技術について述べてから、新しい説や新しい技術を説明します。

　次の例では、GPS衛星の既知の用途で話題を開始し、次に、あまり知られていない用途である「地球の測定値の特定」へ話題を移しています。

The best known use of GPS satellites is to help people know their location whether driving a car, navigating a ship or plane, or trekking across remote territory. Another important, but lesser-known, use is to distribute information to other Earth-viewing satellites to help them pinpoint measurements of our planet.

出典：Erica McNamee, 「NASA Laser Reflecting Instruments to Help Pinpoint Earth Measurements」
https://www.nasa.gov/centers-and-facilities/goddard/nasa-laser-reflecting-instruments-to-help-pinpoint-earth-measurements/ （2024年1月閲覧）

GPS衛星の用途で最もよく知られているのは、自動車の運転や船や飛行機のナビゲーション、人里離れた場所でのトレッキングなどにおいて、自分の位置がわかるようにすることである。他にも、GPS衛星のあまり知られていないが重要な用途として、他の地球観測衛星に情報を配信し、地球の測定値のピンポイントでの特定を助けることがあげられる。

パラグラフの**POINT**

- 1つのパラグラフは1つの話題について書く。
- 強いトピックセンテンスで話題を明示し、サポーティングセンテンスで詳細を説明する。
- パラグラフ内のセンテンスは、決まった論理的順序で並べる。

英語版Wikipediaを利用した英訳練習

　日本語から英語に訳す練習をしたいけれど適切なテキストが見つからないという方に、英語版Wikipediaを使って、自分専用の英訳練習問題を作成する方法をお伝えします。

　ライティングの基礎を勉強したら、実際に手を動かして書き続けることで、安定したライティング力を身に付ける必要があります。機械翻訳や生成AIといったツールが使える世の中になっても、ツールを使いこなすためには、自ら書ける力が必要なのです。次の4つのステップに沿って、自分専用の練習問題を作り、英訳練習に取り組むとよいでしょう。

①英文を選ぶ→②英文をDeepL翻訳で和訳して調整する→③問題を解く→④完成した英訳をチェックする

ステップ1：英文を選ぶ

　英語版Wikipediaから興味のある技術分野の英文を探します。「このような英語を書けるようになりたい」と思う英文や、内容に興味がある、用語に馴染みがある英文など、自由に選びます。Wikipediaを使うと便利ですが、ほかにも米国政府関係の公式ホームページや自然科学誌 *Nature* の英文アブストラクトなど、インターネット上のソースを自由に使います。

例：

A self-driving car, also known as an autonomous car (AC), driverless car, or robotic car (robo-car), is a car that is capable of traveling without human input. Self-driving cars are responsible for perceiving the environment, monitoring important systems, and control, including navigation.

出典：Wikipedia：「Self-driving car」　https://en.wikipedia.org/wiki/Self-driving_car
（2024年1月閲覧）

ステップ2：英文をDeepL翻訳で和訳して調整する

　英文を選んだら、DeepL翻訳を使って和訳します。機械翻訳の和訳（英語から日本語）の精度は非常に高くなっています。和訳の不自然な箇所を修正し、英訳用の練習問題を作ります。日本語を母語にしていれば、不自然な箇所や誤っている箇所を特定し、自然な日本語に修正することは難しくありません。

例：
自動運転車は、自律走行車（AC）、無人運転車、ロボットカー（ロボカー）とも呼ばれ、人間の入力なしに走行できる車である。自動運転車は、環境の知覚、重要なシステムの監視、ナビゲーションを含む制御を担当する。

DeepL翻訳（2023年12月）

修正版：
自動運転車とは、自律走行車（AC）、無人運転車、ロボットカー（ロボカー）とも呼ばれ、人間の手を介さずに走行できる車のことである。自動運転車は、周囲の状況を知覚したり、重要なシステムを監視したり、ナビゲーションを含む制御を行ったりできる。

ステップ3：問題を解く

　さて、ステップ2で完成した問題を次は英訳します。ステップ1で英文を既に読んでいるから、練習には意味がないのでは、と考えるかもしれません。しかし、いざ訳してみようとすると、はじめに自分で英文を選んだはずなのに表現を忘れていたりして、意外に難しいことに気付くでしょう。英文を読んで理解したと思っていても、実際に手を動かして書かない限り、完全に吸収したり、記憶に残したりすることは難しいものです。

英訳例（筆者）：
Self-driving cars, or autonomous vehicles, unmanned vehicles, or robotic cars (robo-cars), can drive without human input. Self-driving cars can sense their surroundings, monitor relevant systems, and perform control including navigation.

ステップ4：完成した英訳をチェックする

　さて、解いてみた英訳問題を自身でチェックします。その際、ステップ1で準備した英文を解答の目安とします。一方で、解答は一つではないため、次の2つのツールなどを使い、別の観点からもチェックします。

DeepL Write （https://www.deepl.com/write）

　英文の文法校正ツールでチェックします。基本的な冠詞の使い方や名詞の数といった点を中心に可能な範囲で確認します。上記筆者の英訳ではperform→takeに直す修正提案、includingの前にコンマを入れる修正提案のみがありました。その提案を反映するかどうかは判断が難しいですが、例えば次のように、self-driving carが無冠詞になっていた、といったわかりやすい文法誤記が存在している場合には、この文法校正ツールが効果的に働きます。試しに英訳例の複数形をやめ、Self-driving carを無冠詞にし、human inputにaを入れた悪文で行うと、次のような校正結果が得られます。

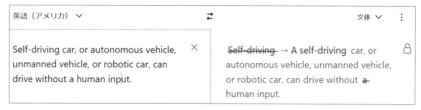

ChatGPT （https://chat.openai.com/）

　any corrections to be accurate?やnaturally sounding?などと尋ねて、正確に書けているか、英語として自然かどうかを確認します。ここでYes, ...という肯定的な応答であれば、自然に書けていることがわかるとともに、何

質問：naturally sounding?

 ChatGPT
Yes, this sentence sounds quite natural and clear. It effectively communicates the capabilities of self-driving cars in a way that is accessible to a general audience. The use of multiple terms like "autonomous vehicles," "unmanned vehicles," and "robotic cars" provides a comprehensive understanding, and the description of their functions is straightforward and easy to grasp.

が良かったかを要約してくれるため、そこで新しい表現を学べる場合があります。逆に改良箇所がある場合には、「refined（改良）できる部分がある」として提案がなされます。

また、more conciseなどと入力して、簡潔に書き直してもらうことも効果的です。生成AIの応答から学べるところを学び、気に入った表現があれば吸収します。

指示文：more concise

 ChatGPT

"Self-driving cars, also known as autonomous or robotic vehicles, can independently navigate and operate by sensing their surroundings and controlling essential systems."

ChatGPTの応答を鵜呑みにすることはできませんが、英文ライティングの基礎力があれば、どこを真似すればよいか判断でき、学習に活用できます。例えば上記の後者の修正では、「重要なシステム」に相応する箇所に「essential systems」の提案がありました。元のWikipediaではimportant、筆者の試訳では少し気を利かしたつもりでrelevant systems（関連システム）と訳しましたが、修正案のessentialからも学べることがあります。また、英訳者の「気持ち」を汲んだ的確な提案をしてくれることが少なくありません。

ステップ1～4を1つのサイクルとして、毎日1題英訳の練習をすることは、学習中だけでなく、プロの技術系英文ライターとして活動したのちも、自身の英訳力のメンテナンスに役立ちます。

6. 文書

（1）文書の決まり

■ 1つの文書は1つの主題について書く

　技術文書には、技術論文、プロポーザル（提案書）、マニュアル（説明書）、仕様書、技術報告書など、様々なものがあります（個々の文書の詳細については、第4章参照）。これら技術文書に共通する決まりは、「**1つの主題について書く**」です。文書を構成する複数のパラグラフは、そのすべてが文書の主題に関連するように書きます。

　そして、よい文書を書くためには、**書き始める前に綿密な計画を立て、一定の手順に従って文書を作成する**ことが大切です。次項「文書の作成手順」に説明する手順に従うことで、読み手に伝わりやすい文書を作成することができます。

（2）文書の作成手順

■ 文書の作成は、工業製品の製造のように綿密に行う

　技術文書は、読み手が必要とする内容を伝えなければなりません。したがって、読み手を強く意識し、読み手のために書くことが重要です。

　読み手を強く意識するためには、綿密な計画を立て、決まった作成手順に従って文書を作成する必要があります。

　例えば、工業製品を開発・製造する際、思いつくままに作る人はいないでしょう。製品のユーザを分析し、綿密な計画を立て、試作を行い、試作品をテストするでしょう。そのような過程を経て完成した製品は、流通すればそれで終わりではありません。流通した後も、さらなる改良の

ために、ユーザのフィードバックを得る努力をするでしょう。

　ところが、文書の作成となると、そういった手順を踏まずに、書き手が無計画に書き始め、短期間で書き上げ、それで終わり、ということが少なくありません。

　文書の作成においても、工業製品の製造と同様の手順が必要です。つまり、次のような手順に従って文書を作成する必要があります。

(a) 読み手を分析する
(b) 計画を立てる
(c) 執筆する
(d) 内容を検討する
(e) 完成したものを提出する
(f) フィードバックに基づき再検討する

　各手順について詳しく説明します。

(a) 読み手を分析する

　文書の対象となる読み手について詳しく分析し、読み手の要求に応じて文書の主題を決定します。決定した主題に関して、読み手が必要としている内容をリストアップします。そして、リストアップした内容を収集します。

(b) 計画を立てる

　収集した内容について、関連する内容ごとにグループ分けします。その後、各グループにおいて、必要な内容と不要な内容を決定します。

　必要な内容について、どのグループの内容をどこに提示するかを決定します。文書を構成する複数のパラグラフの計画を立てます。その際、各パラグラフ内のセンテンスを並べる順序（p.64『パラグラフの論理展開』参照）についても決定します。

（c） 執筆する

　計画に従って、決定した順序に応じて、文書の各パラグラフの執筆を開始します。

　その際、パラグラフを構成するセンテンスが「正確・明確・簡潔」に内容を伝えるように注意して書きます。各センテンス同士、各パラグラフ同士が論理的につながっているかどうかにも注意して書きます。

　書き終わった文書を読み直し、チェックとリライトを行います。誤りがないかどうか、意図した内容が伝わるかどうかをチェックします。

　「正確・明確・簡潔」に内容を伝えるように、Correctのテクニック（p.25「Correctのテクニック」参照）とClear & Conciseのテクニック（p.42「Clear & Conciseのテクニック」参照）を使ってさらにリライトします。

（d） 内容を検討する

　書いた内容が適切かどうかを検討します。つまり、はじめに立てた計画通りに、読み手が必要としている内容が含まれているかどうかを検討します。内容が正しいかどうか、また、読み手がすばやく容易に読めるよう明確で簡潔に書けているかどうかも検討します。

（e） 完成したものを提出する

　文書が完成します。プリントアウトやデータ保存などの形式で、提出先へ提出します。

（f） フィードバックに基づき再検討する

　読み手のフィードバックを求めます。文書が読み手の要求を満たすものであったかどうかをフィードバックに基づいて再検討し、その後の改良に活かします。

　以上の（a）〜（f）の手順に従って書くことにより、効果的な文書を作成することができます。この手順は、和文技術文書を元に英文技術文書を作成する場合、英文技術文書を一から作成する場合、英文技術文書を作成することを念頭に置いて和文技術文書を一から作成する場合のいずれにも共通して当てはまります。

　なお、すでに完成している和文技術文書があり、それを元に英文技術文書を作成する場合、(a) 読み手の分析と (b) 計画については、和文技術文書の作成者が大半をすでに行っていることになります。また、(d) 内容の検討や (f) フィードバックに基づく再検討について、英文技術文書の作成者には権限がないこともあります。

　そのような場合であっても、英文技術文書の作成者は、可能な限り、元となる和文技術文書の作成者と相談しながら、各手順に関わることが大切です。英文技術文書の作成者と和文技術文書の作成者が互いに協力することにより、最終的に、効果的な英文技術文書を作成することができるのです。

文書のPOINT

- 1つの文書は1つの主題について書く。
- 文書は工業製品の製造のように、決まった手順に従って綿密に計画し、作成する。

成功と生き残りのための技術文書の英文ライティング

技術系英文ライターは誰？

日本の技術系英文ライターは、主に次の2タイプに分かれるでしょう。
①技術者・研究者
②英語を専門とする人
これらの技術系英文ライターのそれぞれが、「技術を理解する力」と「英語を駆使する力」の両方を備え、ライティングを行います。

技術文書の英文ライティングを習得する目的を明確に

技術系英文ライターを目指すにあたって、または技術系英文ライターとしてスキルアップするために、①技術者や研究者と②英語を専門とする人は、それぞれの立場から、技術文書の英文ライティングを習得する目的を明確にしておくことが大切です。

そのために、技術文書の英文ライティングの重要性について書かれた文章をここに紹介します。

Scientists and engineers may be technically brilliant and creative, but unless they can convince coworkers, clients, and supervisors of their worth, their technical skills will be unnoticed, unappreciated, and unused. In a word, if technical people cannot communicate to others what they are doing and why it is important, it is they and their excellent technical skills that will be superfluous. From this perspective, **communication skills are not just handy; they are critical tools for success, even survival, in "real world" environments.**

（科学者や技術者は、技術力の面で優れ、創造力があるかもしれない。しかし、同僚、顧客、上司を説得することができなければ、その技術力は見過ごされ、軽視され、無視されてしまう。技術者が自分の技術について説明し、その重要性を説くことができなければ、その素晴らしい技術は、無用なもの

となってしまう。したがって、コミュニケーション力は、ただ便利なだけではない。**コミュニケーション力は、現実の世界で成功し、生き残るために必須の手段なのだ。**）

Thomas N. Huckin and Lesile A. Olsen, *Technical Writing and Professional Communication for Nonnative Speakers of English*, McGraw-Hill, Inc., p.3

　この文章に基づき、技術文書の英文ライティングを習得する目的を、次のように定めることができます。

〈技術系英文ライター①　技術者や研究者〉
　技術者や研究者は、**「自分の技術が見過ごされることなく活用され、成功し、生き残るため」という強い意志**を持って、技術文書の英文ライティングを習得する。

〈技術系英文ライター②　英語を専門とする人〉
　英語を専門とする人は、技術者や研究者に代わって技術文書の英文を書くわけです。したがって、**「日本の技術者や研究者の成功と生き残りを助ける」という強い使命感**を持って、技術文書の英文ライティングを習得する。

　「技術者や研究者」と「英語を専門とする人」のいずれであっても、このような明確な意志や強い使命感を持っていれば、ライティングの学習効果が高まります。学習の過程や実務で挫折しそうになった場合でも、明確な意志や強い使命感があれば、それが支えになり、どんな困難をも乗り越えることができるでしょう。

技術文書の英文ライティングを習得する目的を明確に

技術系英文ライター①　技術者・研究者
　➡ 自らの成功と生き残りのために
技術系英文ライター②　英語を専門とする人
　➡ 日本の技術者・研究者の成功と生き残りを助けるために

7. 知っておきたい表記法

（1）句読点（ピリオド・コンマ・コロン・セミコロン・ダッシュ・ハイフン）

■ピリオド（.）

ピリオド（終止符）の主な用法は、文を終わらせることです。加えて、ピリオドは、省略を表すためにも使用します。

（a）文を終わらせる

例：Gaming headsets are essential for an immersive gaming experience.
（ゲーミングヘッドセットは、没入感のあるゲーム体験には欠かせない。）

（b）省略を表す

例：Fig.　Figure（図）の略
　　in.　inch（インチ）の略

なお、省略を表すピリオドが文末にくる場合、文末のピリオドを兼ねます。

例：The display diagonally measures 40 in..　…✕
　　The display diagonally measures 40 in.　…〇
（このディスプレイの対角サイズは40インチである。）

■コンマ（,）

コンマは主に文を区切るために使用します。また、2個のコンマを使って、文中に表現を挿入できます。

(a) 文を区切る（文頭にくる句や節の後に置く）

例：When exposed to the sun, skin darkens to protect the body from UV radiation.

（皮膚は、日光にさらされると、紫外線から体を守るために黒くなる。）

なお、句や節を文頭から文末に移動した場合、コンマは不要となります。

例：Skin darkens to protect the body from UV radiation when exposed to the sun.

(b) 文を区切る（語句を3つ以上並べるときにA, B, and Cの形で使う）

例：A microcomputer includes a CPU, a ROM, and a RAM.

（マイクロコンピュータは、CPU、ROM、RAMを備える。）

なお、A, B, and Cのandの前のコンマは、文法上は省略が可能ですが、多くのスタイルガイド（p.31「代表的なスタイルガイド」参照）では、コンマを入れることで明確性が増す場合には、省略しないことをすすめています*。

(c) 表現を挿入する

例：Longer waves, called radio waves, penetrate the gas clouds.

（電波と呼ばれる長波がガス雲の中を透過していく。）

■ コロン（：）

コロンは、前の内容をさらに詳しく説明するために使用します。コロンの後には、語句を並べることや、独立した英文を置くことができます。

(a) コロンの前の内容を詳しく説明する

例1：Sleep can be in two cycles: rapid eye movement (REM) and non-REM.

（睡眠には急速眼球運動（レム）睡眠とノンレム睡眠の2つのサ

---

*例えば、*Microsoft® Manual of Style for Technical Publications*（Microsoft Press）には、"When a conjunction joins the last two elements in a series, use a comma before the conjunction.（列挙する要素の最後の2つの要素を接続詞でつなぐ場合、接続詞の前にコンマを使用すること）"（3rd Ed. p.173, Commas）と書かれています。

イクルがある。）

例2：Sleep can be in rapid eye movement (REM) and non-REM: REM sleep includes dreaming and high brain activity, and non-REM sleep includes three stages of progressively deeper sleep. （睡眠には急速眼球運動（レム）睡眠とノンレム睡眠の2種類があり、レム睡眠では夢を見たり、脳の活動が活発になったりする。ノンレム睡眠には、徐々に深い睡眠に入る3つの段階がある。）

■ セミコロン（；）

　セミコロンの主な用法は、2つの関連する文をつなげて書くことです。セミコロンは、2つの関連する文のうち、最初の文のピリオドの代わりに使います。セミコロンは、ピリオドと異なり、2つの文を「ゆるく関連付けておく」ことができます。この用法のセミコロンは、日本人にとって覚えにくいことが多く、誤った使用が見られることがあるので注意が必要です（p.91 スキルアップコラム「英語と日本語の句読点の違い」参照）。

　また、セミコロンは、列挙する各語句にコンマが含まれる場合など、コンマを使うと視覚的にわかりにくい場合、コンマの代わりに使用することができます。

（a）2つの関連する文をつなげて書く

　例：Some gases are heavier than air; other gases are lighter.
　　　（気体には、空気より重いものもあれば、軽いものもある。）
　なお、セミコロンの後に、連結詞（however, therefore, thusなど）を置くこともできます。
　例：Some gases are heavier than air; however, other gases are lighter.
　　　（気体には、空気より重いものもあるが、軽いものもある。）

（b）コンマを使うとわかりにくい状況でコンマの代わりに使う

　例：An academic essay typically consists of three basic parts: part 1, the introduction; part 2, the body; and part 3, the conclusion.
　　　（学術的な小論文は、第1部「導入部」、第2部「本論部」、第3部「結

論部」という基本部分で構成されるのが通例である。)

■ ダッシュ

　長いダッシュと短いダッシュの2種類があります。長いダッシュは「エムダッシュ」と呼ばれ、補足説明を加えるために使います。短いダッシュは「エンダッシュ」と呼ばれ、数値の範囲を表す際、または2つの単語を組み合わせてつなぐ際や人名由来の2つの単語をつなぐ際に使います。

長いダッシュ

The three experimental parameters—temperature, time, concentration—were varied for each sample.

（3つの実験パラメーターである温度、時間、濃度をサンプルごとに変化させた。）

短いダッシュ

10–30 kg	10〜30 kg
Figures 1–5	図1〜5
acid–base titration	中和滴定
Bose–Einstein condensate	ボース・アインシュタイン凝縮

■ ハイフン

　関連する単語同士を1語にまとめて後ろに配置する名詞を修飾したい場合に主に使用します。

an AI-enabled tool	AIを利用したツール
a high-speed video camera	高速ビデオカメラ
a three-dimensional image	3D画像

（2）略語

■ 略語の種類

　略語は、長い語の一部分を省いて短くしたものです。略語の種類には、

次の例のように、団体名、敬称や肩書、国名や地名、単位、時を表すもの、それ以外のものがあります。

団体名	WHO	World Health Organization
敬称や肩書	CEO	chief executive officer
国名や地名	U.K./UK	United Kingdom
単位	mm	millimeter
時	Jan	January
それ以外	e.g.	*exempli gratia* (for exampleを意味するラテン語)
	MOS	metal oxide semiconductor
	LED	light-emitting diode

■ 略語の表記法

　略語は、何の略かを知らない人が読む可能性がある場合、はじめて出てきた場所で、フルスペルと略語の両方を表記します。通常は、「フルスペルで記した語句」の直後に括弧付きの略語を配置します。

　例えば、「MOS（= metal oxide semiconductor）」の場合、はじめて出てきた場所で、a metal oxide semiconductor（MOS）と表記します。そして、2回目以降は略語のみを使います。

　なお、略語は読み手にとってわかりやすい方法で使用することが大切です。読み手にとってなじみ深い略語は、常に略語として使います。読み手が知らないと思われる略語は、使用を避けるか、図中や表中など、スペースに限りがある場合にのみ使用します。

　書き手にとって便利だからという理由で、略語を頻繁に使用するのは避けるべきです。

■ 略語のピリオドの要・不要

　略語には、ピリオドが必要なもの（例：e.g.）と不要なもの（例：WHO、CEO）、ピリオドを付けても付けなくてもよいもの（例：U.K./UK）があります。ピリオドの有無については、辞書などでその都度調べる必要があります。

■ 略語の「数」と「冠詞」

略語が固有名詞以外の名詞の場合、通常の名詞と同様の方法で、「数」に関する判断と「冠詞」の決定を行います（第2章 p.97「名詞の取り扱い－数」、同 p.107「名詞の取り扱い－冠詞」参照）。

略語を固有名詞のように扱う場合や、抽象的概念として扱う場合、a も the も置かない単数形での表記が可能です。

■ 略語の発音

略語には、アルファベットで発音するものと、単語として発音するものがあります。例えば、WHO（World Health Organization）は、「ダブリューエイチオー」と発音します。一方、MOS（metal oxide semiconductor）は、「モス」と発音します。「エムオーエス」とは発音しません。誤りやすい例として、SEM（scannig electron microscopy）は、英語では「セム」ではなく「エスイーエム」と発音します。

発音に注意する必要があるのは、略語に不定冠詞が必要な場合です。

例えば、LEDは、「エルイーディ」と発音します。LEDが不特定で単数の場合、不定冠詞を置きますが、その際、a LEDではなく、an LEDとします。視覚的に惑わされないように、注意が必要です（第2章 p.112「不定冠詞a/anの選択」参照）。

（3）数

■ 数の決まりごと

英語の数の決まりごとの一部を紹介します。さらに詳しく知りたい場合、各種スタイルガイド（p.31「代表的なスタイルガイド」参照）を読むとよいでしょう。

（a）1 ～ 9は英単語で記載し、10以上は算用数字で書く

（例えば、*The Chicago Manual of Style, Microsoft® Manual of Style for Technical Publications* による）

スタイルガイドによっては、1 〜 9ではなく、1 〜 10を英単語、11以上を算用数字とするものもあります。

例：The multilayer board includes five conductive layers.

The YouTube channel now has 5,000 subscribers.

なお、1つの英文中にフルスペルで表記すべき数と算用数字で書くべき数が混在する場合には、不自然さを避けるため、いずれも算用数字で書くことができます。

（b）単位記号と一緒に使う場合、数値の大小に関わらず、算用数字で書く

例：The film has a thickness of 5 μm.

（c）単位記号と数値の間は、スペースをあける（例外もあり、下記参照）

例：10 g、5 μm（10g …✕、5μm …✕）

参考 英文中の単位記号と数値の間のスペースについて、日本の国家標準の一つ、日本産業規格（Japanese Industrial Standards）＝通称JIS（ジス）に記載があります。JIS Z 8202-0「量及び単位 — 第0部：一般原則」の一部を紹介します。なお、下のJISの記載は、ISO（国際標準化機構）によるISO31-0, Quantities and units—Part 0: General principlesを翻訳し、技術的内容を変更することなく作成されたものです。

《 JIS Z 8202-0 》

<u>単位記号は、量の表現における数値の後に置き、数値と単位記号との間に間隔をあける。</u>この規則によればセルシウス度を示す℃の記号は、セルシウス温度を表すときには、その前に間隔をあけなければならないことに留意する。<u>この規則に対する唯一の例外は、平面角に対する度、分及び秒の単位であり、この場合には、数値と単位記号との間に間隔をあけてはならない</u>（3.4「量の表示」より）。

JIS Z 8202-0は、「物理量、方程式、量記号及び単位記号並びに一貫性のある単位系、特に国際単位系（SI）」（JIS Z 8202-0 1.「適用範囲」）に適用されま

す。適用範囲外の単位記号については、「読みやすい」ことを基準とし、また慣例に従って、スペースの有無を決定するとよいでしょう。

(d) 数値が文頭にくる場合、フルスペルで記載するか、数値が文頭にこないように表現を工夫する

例：Twenty grams of sodium chloride was placed in a beaker.

First, 20 g of sodium chloride was placed in a beaker.

(e) 数値が小数の場合、算用数字で書く

例：0.3 micrometers

（zero point three micrometers ⋯ **✕**）

(f)「5cm〜10cm」のように2つの数値を使って範囲を表す場合、2つの数値の単位記号が同じであれば、単位記号は、後ろの数値のみに付ける

例：The board thickness ranges from 5 to 10 cm.

(g) 単位記号は、大文字で書くことが決まっている特定の場合を除いて、小文字を使う

例：kg（KG ⋯ **✕**）

ボルト（V）、パスカル（Pa）、メガ（M）、ギガ（G）のように、大文字で書くことが決まっているもの（固有名詞に由来する単位記号など）もあります。

(h) 数量表現「以上、以下、超える、未満」を正しく表現する

「以上、以下、超える、未満」は、基準とした数値を含むか含まないかに注意して書きます。英語のgreater thanとless thanは「超える」と「未満」、つまり基準とした数値を含まない表現となりますので、「以上」と「以下」を表したい場合には、equal to（等しい）を加えてgreater than or equal toとless than or equal toと表現するか、またはnot less than（下回らない、つまり以上）とnot greater than（上回らない、つまり未満）と表現します。greaterはmoreとすることも可能です。

The postal mail weighs _____.

（郵便物の重さは50g以上・以下である／50gを超える／未満である。）

50g以上	not less than 50 g
	greater than or equal to 50 gまたは
	more than or equal to 50 g
	50 g or greaterまたは50 g or more
50g以下	not greater than 50 gまたはnot more than 50 g
	less than or equal to 50 g
	50 g or less
50gを超える	greater than 50 gまたはmore than 50 g
50g未満である	less than 50 g

(i) 「～よりも少ない」は可算名詞にはfewer、不可算名詞にはlessを使う

数や量を「～よりも少ない」と比較する表現で、数える名詞にはfewerを使用し、数えない名詞にはlessを使用します。

より少ない部品数	fewer components
20個よりも少ないサンプル点数	fewer than 20 samples
より少ない時間	less time
100mlより少ない水	less than 100 ml of water

なお、fewとlittleは、それぞれ可算・不可算名詞とともに不定冠詞あり・なしで使用した場合に、few samplesで「サンプルがほとんどない」、a few samplesで「サンプルがいくつかある」、little waterで「水がほとんどない」、a little waterで「水が少しある」を表しますが、不定冠詞aの有無によって「ほとんどない」と「少しある」を表すこの文法事項は、技術文書では活用する文脈がそれほど多くありません。

英語と日本語の句読点の違い

「コロンとセミコロン」

◉日本人に馴染みにくい「コロンとセミコロン」

　英語のコロン（：）とセミコロン（；）には、対応する句読点が日本語にはありません。

　日本語にコロンとセミコロンの概念がないために、コロンとセミコロンは、日本人にとって馴染みにくく、使い方を間違えやすい句読点です。

　さらには、コロンとセミコロンの形が似ているために混同されることが少なくありません。特に、セミコロンの誤った使用が見られることがあります。

◉「コロンとセミコロン」の代表的な使い方

　間違いを防ぐため、コロンとセミコロンが以下の使い方に従っているかを確認します。

コロン	セミコロン
詳細を説明する	関連する2文をピリオドに代わってつなぐ
ある内容についての詳細や関連事項を説明するために使います。コロンの後ろには、語句だけでなく、独立したセンテンスを置くこともできます（詳しくは p.83「コロン（：）」参照）。	2つのセンテンス同士を、ピリオドではっきりと区切らずに、ゆるく関連付けておくために使います（詳しくは p.84「セミコロン（；）」参照*）。

＊「コンマの代わりに使う」セミコロン（p.84「コンマを使うとわかりにくい状況でコンマの代わりに使う」参照）については、比較的わかりやすいため、ここでは説明を省略します。

●正しく使えるまでは使用を控える

　コロンとセミコロンは、上手に使えば英文が読みやすくなりますが、はじめのうちは、無理をして使う必要はありません。コンマやピリオドといった他の句読点と違って、コロンとセミコロンを使用しないと絶対に表現できないような状況はないためです。

　コロンの「詳細を説明する」という役割は、技術文書の英文で活用価値が高く、正しく使えるように練習したいものですが、不安がある場合には使用を控えればよいでしょう。

　セミコロンの「センテンス同士をゆるく関連付けておく」という状況は、技術文書の英文ではそれほど頻繁に必要になるわけではありません。セミコロンがコロン以上に誤って使われることが多いことを考えると、不安がある場合には、セミコロンを使わずに別の方法で表すほうが賢明でしょう。

コロンとセミコロンの**POINT**

　　コロンとセミコロンは、使い方を間違えやすい句読点である。

　　コロンは「詳細を説明する」、セミコロンは「センテンス同士をゆるく関連付ける」という主な用法を理解する。

　　使い方に不安がある場合には、コロンやセミコロン（特にセミコロン）を使わないことで、間違いを避けてもよい。

「コンマとピリオド」

●コンマと読点、ピリオドと句点

　英語のコンマ（ , ）に相当する日本語の句読点は、読点（、）です。また、ピリオド（ . ）は句点（。）です。コンマと読点は文を区切るために使い、ピリオドと句点は主に文を終わらせるために使います。

　しかし、役割が似ているからといって、日本語の読点と句点を英語のコンマとピリオドに逐一対応させることはできません。

　日本語の読点と句点に完全に対応させてコンマとピリオドを使おうとすると、読みづらく、不自然な英文となってしまいます。

◉ 「コンマ」と「読点」の対応

　文を区切るのに使用するコンマは、読み手が一息つく場所を提供します。英文を読みやすくする一方で、コンマが多すぎると、文の流れが悪くなり、逆に読みづらくなってしまいます。

　例えば、日本語の読点に英語のコンマを逐一対応させて書いてしまうと、次のようになってしまいます。

〈例文〉

　つまり、_この例では、_カウント値が閾値を超えた後、_本変調器は従来の変調器と同様の方法にて情報の選択を行う。

More specifically,_in this example,_after the count value exceeds the threshold,_the modulator selects information in the same manner as the conventional modulator.

　和文では区切りがそれほど多いと感じないかもしれません。一方、読点にコンマを対応させて書いた英文では、区切りが多すぎて、読みづらくなっています。そこで、文脈に応じて、「読み手にとって読みやすい」を基準に、適切な数のコンマを使うことが大切です。なお、コンマは置くべき場所が文法的に決まっているので、英語表現の工夫によってコンマの数を調整する必要があります。

　例えば、上の例文では、次のように語順を変更することで、コンマを減らすことができます。少しの工夫で、英文の流れがよくなり、読みやすくなるのです。

More specifically, the modulator in this example selects information in the same manner as the conventional modulator after the count value exceeds the threshold.

　このように、コンマを減らしたい場合には、例えば文頭の句や節を文末に移動することでコンマをなくすことができます。

　また、この他にも、例えば、コンマ＋接続詞（andやbut）でつながって

いる箇所を2つの独立した文に分けることで、コンマをなくすことができます。

● 「ピリオド」と「句点」の対応

　英語のピリオドを日本語の句点よりも増やして書きましょう。つまり、日本語の1文を英語の1センテンスに対応させずに、1文を複数のセンテンスに分けて書きます。和文には、英語のセンテンスのように「1つのセンテンスで1つのことを伝える」という決まり（p.57「センテンスの決まり」参照）がなく、1文が長くなりがちです。したがって、日本語の句点と同じ数のピリオドを使って英語のセンテンスを書こうとすると、「1つのセンテンスで1つのことを伝える」という英語のセンテンスの決まりを守れなくなってしまいます。

コンマとピリオドの**POINT**

　　コンマと読点、ピリオドと句点について、日本語の句読点をそのまま英語の句読点に置き換えようとすると英文が読みづらくなる。

　　コンマと読点、ピリオドと句点を逐一対応させず、適切な数のコンマとピリオドを使うように工夫する。

第2章

ライティングの英文法Ⅰ

英文法は、技術文書を英語で書く際の基盤になるため大切です。本章では、英文をCorrect，Clear，Conciseに書くという観点から次の文法項目を説明します。

- **名詞の取り扱い（数、冠詞）**
- **主語と動詞**
- **文型**
- **時制**
- **能動態と受動態**

　本章を精読することで、英文の基本構造を理解することができるように構成しています。また、本章のすべての節に、ライティングの練習問題を設けています。練習問題を使って実際に英文を書く練習をすることにより、ライティングに必要な英文法の習得を目指します。

　多くの英語非ネイティブを悩ませる「名詞の取り扱い（数、冠詞)」から学習を始めましょう。

1. 名詞の取り扱い—数

（1）日本語と英語の違い

■ 英語は「数」を明確に表す

　英語の名詞は、「**数**」と「**冠詞**」が日本語と大きく異なります。「数」と「冠詞」を正しく扱うことが、英語の名詞を取り扱う上で重要です。

　ここでは、「数」について説明します。「冠詞」については p.107「名詞の取り扱い—冠詞」で説明します。

　英語の名詞は、いつも、**数**を明確に示す必要があります。

　例えば、「ノートパソコンを持っている」を表したい場合に、日本語では単に「ノートパソコン」と表現できます。ところが英語では、単にlaptop computerと表現できず、ノートパソコンの数を示したい、示したくないに関わらず、a laptop computer（1台のノートパソコン）なのか、laptop computers（複数台のノートパソコン）なのかを明示する必要があるのです。

　単にlaptop computerと書いてしまった場合には、個体としての「ノートパソコン」ではなく、例えば「ノートパソコンという技術」や「ノートパソコンという概念」といった抽象的な意味になってしまい、基本的に文法上の誤りとなってしまいます。

　つまり、英語の名詞は、いつも、その名詞を「**数えるかどうか**」を意識する必要があります。言い換えれば、名詞を「**個体として**」や「**形あるものとして扱うのかどうか**」を意識します。そして、「**数える**」場合には、「**単数なのか、複数なのか**」を、いつも明確に示します。

　名詞を数えるかどうかを考えるとき、可算名詞と不可算名詞という言葉が思い浮かぶでしょう。例えば、pencil（鉛筆）は1本や2本と数えら

れるので可算名詞、sugar（砂糖）は数えられないので不可算名詞といった具合にです。

　しかし実際には、可算名詞、不可算名詞、という2種類に分類できるわけではなく、1つの名詞が可算と不可算の両方の用法を持っていることが少なくありません。その場合、可算として使うか、不可算として使うかを、書き手が文脈に応じて決める必要があります。

　辞書には、可算の用法を持つ場合に Ⓒ （=countable）、不可算の用法を持つ場合に Ⓤ （=uncountable）、可算と不可算の両方の用法を持つ場合に Ⓒ Ⓤ のように名詞の扱い方が記載されています。辞書で確認するとともに、数に関して名詞をどのように扱うべきかを書き手自身が判断する必要があります。その判断方法を次項「数に関する判断」で確認しましょう。

（2）数に関する判断

■「数えない／数える」を決める
　まず、名詞を「数えるかどうか」を、次の2つの基準に基づいて書き手が決定します。

（a）その文脈で、名詞を「形あるもの」として表すべきか
（b）名詞にどのような用法があるか

　まず、**(a) 名詞を「形あるもの」として表すべきか**どうかを決定します。「形あるもの」として表すべきと判断した場合には、**(b) 名詞にどのような用法があるか**に応じて、**不定冠詞a/anや複数形のsを付けて数えることができるか、それとも適切な「単位」や「入れ物」を使って数える必要があるのか**を決定します。
　(a)「形あるもの」として表すべきか、(b) 名詞にどのような用法があるか、についてもう少し詳しく説明します。

（a）「形あるもの」として表すべきか
「形あるもの」として表すべきとは、例えば、次のような場合です。
- 1本の鉛筆
- 1まとまりの情報
- 100℃や1000℃といった個々の温度
- 1回の改善
- 1種類の金属、1つの金属片

「形あるもの」として表すべきでないとは、例えば、次のような場合です。
- 鉛筆という手段
- 情報全体
- 温度という概念
- 改善という動作
- 金属という物質

（b）名詞にどのような用法があるか
　名詞は、次の3つのいずれかに分類できます。名詞がいずれの用法を持つかは、辞書を参考にします。

①可算の用法のみを持つもの（例えば、pencil）
②不可算の用法のみを持つもの（例えば、information）
③可算と不可算の両方の用法を持つもの（例えば、metal）

①可算の用法のみ
　「可算のみの名詞」は、通常、数えて扱います。
　例：a pencil/pencils（鉛筆）
　「可算のみの名詞」は、原則的には不可算として扱うことはできません。数えずに無冠詞単数形で使うと、通常、文法的に誤りとなります。例えば、無冠詞単数形で単にpencilと書くと、通常は誤りです。
　なお、「可算のみの名詞」を手段と考えた場合や抽象的にとらえた場合などに例外的に不可算として扱うことがあります。例えば、「鉛筆で

書いて」というとき、Write with a pnecil.は、1本の鉛筆を使うことに着目していますが、Write in pencil.は、鉛筆を形あるものではなく、手段としてとらえています。

②不可算の用法のみ

「不可算のみの名詞」は、通常、数えずに扱います。

例：information（情報）

「不可算のみの名詞」は、書き手が数えたいと思う文脈であっても、不定冠詞a/anを置くことや複数形のsを付けることはできません。例えば、an informationやinformationsは誤りです。

そこで、「不可算のみの名詞」を数えるためには、「単位」や「入れ物」を使います。

例えば、informationの場合、「単位」や「入れ物」として、piece（断片）やitem（項目）を使うことができます。つまり、a piece of information/pieces of information（1つの情報／複数の情報）、an item of information/items of information（1つの情報／複数の情報）のように書くことで、「不可算のみの名詞」を数えることができます。

③可算と不可算の両方の用法

1つの名詞が可算と不可算の両方の用法を有する場合があります。文脈に応じて、可算と不可算の用法を使い分けます。

例：temperature（温度）
　　improvement（改善）
　　metal（金属）

次のように使い分けることができます。

● temperature（温度）

個々の温度を想定した場合、a temperature/temperaturesのように、可算として扱います。一方、温度を抽象的概念として考えた場合、不可算として扱います。

● improvement（改善）

1点や複数の改良点を表したい場合、an improvement/improvements

のように可算として扱います。一方、改善という抽象的概念や動作と考えた場合には、不可算として扱います。

● metal（金属）

1種類の金属や複数種類の金属を表したい場合、a metal/metalsのように可算として扱います。

金属という物質は、不可算として扱います。

1つの金属の破片や1枚の金属の板を表したい場合、不可算として扱い、piece（断片）やsheet（薄板）といった単位を使って数えます。例えば、a piece of metal（1つの金属片）、a sheet of metal（1枚の金属板）のように数えることができます。

■「単数／複数」を選択する

名詞を「数える」場合、さらに、単数か複数かを選択する必要があります。

名詞の数が1つや2つと具体的に決まっている場合には、その数に応じて、単純に単数か複数かを選択します。

名詞が一般的なものを指す場合（p.118 スキルアップコラム「3つの総称表現」参照）など、名詞の数が特に決まっていない場合や数が重要でない場合であっても、単数か複数を選択する必要があります。その場合、状況に応じて適切な数を選択します。

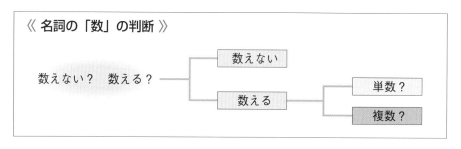

《 名詞の「数」の判断 》

数えない？　数える？ ── 数えない
　　　　　　　　　　　└─ 数える ── 単数？
　　　　　　　　　　　　　　　　　　└─ 複数？

（3）ライティング練習問題

名詞「改善（improvement）」、「温度（temperature）」、「データ（data）」、「ディスプレイ（display）」、「金属（metal）」の数の扱い

に注意して、次の和文の内容を英語で書いてみましょう。〈 〉内に示す英単語を使って書いてみましょう（以下同様）。

(a)　情報セキュリティーポリシーの改善が必要である。

〈情報セキュリティーポリシー＝information security policy、改善＝improvement、必要である＝require〉

答 ［　　　　　　　　　　　　　　　　　　　　　　　　　　　］

(b)　西日本各地で日中の気温が35℃を超えた。

〈西日本＝western Japan、日中の気温＝daytime temperature、超える＝exceed〉

答 ［　　　　　　　　　　　　　　　　　　　　　　　　　　　］

(c)　ブルーレイディスクは、高画質動画データを10時間以上録画できる。

〈ブルーレイディスク＝Blu-ray disc、高画質＝high-definition、動画データ＝video data、録画する＝store〉

答 ［　　　　　　　　　　　　　　　　　　　　　　　　　　　］

(d)　ヘッドマウントディスプレイは、仮想現実を使ったゲームで使用されることが多い。

〈ヘッドマウントディスプレイ＝head-mounted display、仮想現実＝virtual reality〉

答 ［　　　　　　　　　　　　　　　　　　　　　　　　　　　］

(e)　船体は、溶接した金属板からなる。

〈船体＝ship hull、溶接した＝welded、金属板＝metal plate、からなる＝consist of〉

答 ［　　　　　　　　　　　　　　　　　　　　　　　　　　　］

解答

(a) The information security policy requires improvement. /
The information security policy requires improvements.

解説 「ポリシー（policy）」は可算です。ここでは1つと決定します。「改善（improvement）」は、可算と不可算の両方の扱いが可能です。「改善する」という動作に着目する場合には不可算として扱い、improvementとします。動詞はrequireの代わりにneedも使えます。

(b) Western Japan had daytime temperatures exceeding 35 ℃.

解説 「温度（temperature）」は、可算と不可算の両方の扱いが可能ですが、ここでは「35℃を超える温度」として個々の温度を想定していますので、可算として扱います。「各地」の気温を表すために複数形とします。

(c) A Blu-ray disc can store more than 10 hours of high-definition video data.

解説 「ブルーレイディスク（Blu-ray disc）」は可算です。1枚のディスクに記録できるdataの分量を表します。dataはここで不可算名詞の扱いとし、不可算名詞の数え方であるa glass of water（1杯の水）と同じ形で、10 hours of high-definition video dataと表します。store high-definition video data for more than 10 hours（10時間以上録画できる）も可能です。

(d) Head-mounted displays are common in virtual reality gaming.

解説 「ディスプレイ（display）」は数えます。総称表現（p.118スキルアップコラム「3つの総称表現」参照）である複数形で表します。可算名詞の総称表現には、無冠詞複数形、不定冠詞と単数形がありますが、第1候補を無冠詞複数形とし、単数形のほうが読み手が頭に描きやすい場合にのみ、単数形を選択します。後者の例には、A head-mounted display can be worn on the head or as part of a helmet.（ヘッドマウントディスプレイは、頭に装着するか、またはヘルメットの一部として装着する。）があります。この内容の場合には、単数に焦点を当てることで描写がわかりやすくなります。

(e) A ship hull consists of welded metal plates.

解説 「船体（ship full）」は数えます。構造の説明となるため、1つに焦点を当てて説明します。「金属板」は「金属（metal）」を形状で数えた表現で、metal platesとします。metal（金属）には可算と不可算の両方の用法があります。「船体は金属製である。」であれば、不可算でA ship full is made of metal.と表現します。「造船には、鋼、アルミニウム合金、真鍮の3種の金属がよく使われる。」であれば、可算でThree metals, steel, aluminum alloy, and brass, are commonly used in shipbuilding.と表現します。

名詞の取り扱い─数のPOINT

- 英語の名詞は、「数」を明確に示す必要がある。
- 「形あるものとして扱うかどうか」と「可算／不可算の名詞の用法」に基づき、名詞を数えるかどうか決める。数える場合には、単数か複数か選択する。

単複呼応の問題

名詞の単複を合わせるとは

「このワイヤレスマウスは単3電池を使う。」を英語で書くとします。「単3電池」が1つの場合、次のように表します。

This wireless mouse uses an AA battery.
（このワイヤレスマウス（単数）は単三電池（単数）を使う。）

次に、「ワイヤレスマウスの多くは、単3電池を使う。」を英語で書くとします。このように、「マウス」が複数であって、1つのマウスに対して1つの単3電池を使う場合に、単3電池は単数と複数のいずれで書けばよいでしょうか。

各マウスに1つの電池が必要であっても、複数のマウスの電池を合わせて考えると複数の電池が必要となるわけです。したがって、「マウス」の複数形に合わせて「電池」を複数形で書く、というのが「単複を呼応する」という考え方です。つまり、単複を呼応した場合に次のようになります。

Many wireless mice use AA batteries.
（ワイヤレスマウスの多く（複数）は、単3電池（複数）を使う。）

mice = mouseの複数形

単複を呼応するべきか

単複の呼応は、自然な英文を書くために役に立ちます。しかし、堅く考える必要はなく、単複を呼応しないほうが内容を伝えやすいと考えれば、呼応しなくてもかまいません。つまり、1つのマウスに対して1つの単3電池を使うことを明示する必要があれば、単複を呼応せず、次のように電池を単数で書くことができるのです。

> Many wireless mice use an AA battery.

　単複を呼応せずに書いたからといって、複数のマウスに対して1つの単3電池は不適切ということにはならず、英語を母国語とする人は、miceからan AA batteryへと目線を移す際に「複数のマウス」から「1つのマウスに焦点をあてた状態」へと頭の中で切り替えながら英文を読むようです。数字を強調するためにan→oneに変更すると、意図がさらに読み取りやすくなります。

> Many wireless mice use one AA battery.

　なお、単複が呼応していないことが気にかかる場合には、次のように複数形の主語の後に副詞のeach（各）を挿入することもできます。

> Many wireless mice each use one AA battery.

　さらには、主語の複数形をやめて主語を単数形で書くという方法もあります。例えば、代名詞のeach（各）を使って主語を単数形にすれば、単複呼応の問題をそもそも避けられます。つまり、次のようにも書くことができます。

> Each of many wireless mice uses one AA battery.

　このように、単複を呼応するかどうかは、何に焦点を置いて伝えたいかに基づいて決めます。単複を呼応した上で内容を明確に伝えられる文脈では、単複を呼応すると自然な英文が書けるというメリットがあります。一方で、単複を呼応すると内容を明確に伝えられない場合や単複を呼応すると書きづらくなってしまう場合には、呼応せずに書くこともできます。また、単複呼応の問題自体を避けるために複数形の使用をやめることも選択肢の一つです。

2. 名詞の取り扱い—冠詞

（1）日本語と英語の違い

■ 英語は「冠詞」を決定して書く

　日本語にはない英語の特徴として、名詞に対して使う**冠詞**があげられます。英語の名詞は、いつも**冠詞**を決定して書く必要があるのです。

　例えば、「ノートパソコンを買った」を表したい場合、日本語では、単に「ノートパソコン」と書くことができます。一方、英語では、I bought a laptop computer.（ノートパソコンの種類を特定しない）か、I bought the laptop computer.（例のあのノートパソコン）なのかを示す必要があります。

　「冠詞」がどのような役割を果たすかを次項で確認した上で、次ページの「冠詞の使い方」で冠詞の決定方法を見ていきましょう。

■ 冠詞の果たす重要な役割

　冠詞には、定冠詞theと不定冠詞a/anがあります。また、定冠詞も不定冠詞も置かない無冠詞の選択もあります。

　定冠詞theと不定冠詞a/anと無冠詞は、英文中で次のような重要な役割を果たしています。

　定冠詞theは、「その状況の中でそれとわかる何か」が次にくることを予告します。

　不定冠詞a/anは、「特定できない形あるもの」が次にくることを予告します。

　theもa/anも置かれない場合（無冠詞の場合）、名詞が単数形の場合

には、その名詞が「特定できない形のないもの」であることがわかります。名詞が複数形の場合には、その名詞が「特定できない形のある複数のもの」であることがわかります。

　日本語の名詞には、英語の冠詞に相当するものがありません。そのため、冠詞が名詞の前の単なる付属物として軽視されてしまうことがあります。単なる付属物ではなく、冠詞と名詞を合わせて意味を伝えることを意識して、冠詞を決定する必要があります。

（2）冠詞の使い方

■ 定冠詞theと不定冠詞a/anの性質
　定冠詞theは、「this, that, these, those（これ、あれ、これら、あれら）」や「our（我々の）」と同義であって、読み手と書き手の間でその**名詞の存在を特定できている**場合に使います。書き手が読み手に対して「特定してほしい」と強く願う場合にも使われます。定冠詞theは、名詞を数える場合（単数・複数）や数えない場合などの**「数」に関わらず、名詞の前に置くことができます**。
　不定冠詞a/anは「one（1つ）」を表すので、名詞を数える場合の**単数の場合にのみ**、名詞の前に置くことができます。不特定な複数のうちの1つであることを表します。

■ 定冠詞theの有無を判断する
　「冠詞」を決定するにあたって、定冠詞theか不定冠詞a/anかと悩み始めると、決定するのが難しくなります。そこで、**定冠詞theが置けるかどうかをはじめに考えます**。定冠詞theが置けるかどうかとは、**名詞が特定できるかどうか**です。

　名詞が特定できる場合には、名詞の「数」に関わらず、theを置きます。
　名詞が特定できない場合には、名詞の「数」に応じて、不定冠詞a/anまたは無冠詞を形式的に選びます。つまり、名詞が単数の場合にa/anを

選び、名詞が複数または数えない場合には無冠詞を選びます。

■ 名詞が特定できるかどうかの判断基準

名詞が特定できると判断できるのは、次の場合です。

(a) **既出**
(b) **唯一の存在**
(c) **続く名詞の属性**
(d) **種類として知られている（可算名詞）**

(a) 既出

2度目以降に登場するものは、読み手が知っているので特定できるという「既出」は、最もわかりやすい定冠詞の判断基準です。

> We develop batteries for laptops. <u>The</u> batteries are rechargeable, compact, and lightweight.
> （ノートパソコン用の電池を開発しています。電池は充電式で、小型軽量です。）

2度目に出てきた名詞にtheを使っています。theが使えるかどうかの判断の際、These batteriesやOur batteriesに置き換えても文意が成り立つかどうかを確認するとよいでしょう。

(b) 唯一の存在

ある名詞が、その状況で1つしか存在しない場合に、読み手と書き手がともに特定できます。「宇宙」や「地球」といった世の中に1つしか存在しない物体や現象だけでなく、例えば、「地球環境」、ほかにも特定の業界を表す「製造業」や「自動車業界」は1つしか存在しないと考えることができます。また、「最大」や「最少」も1つしか存在しないと見なせます。さらには、パソコンについて説明する状況で「電源スイッチ」は1つしか存在しないと考えることができます。加えて、工学分野などで使われる数値解析手法である「有限要素法」も1つしか存在しないと

考えて特定できると判断することができます。

例：the space（宇宙）
　　the earth（地球）
　　the global environment（地球環境）
　　the manufacturing industry（製造業）
　　the automobile industry（自動車産業）
　　the power switch（電源スイッチ）
　　the finite element method（有限要素法）

（c）続く名詞の属性

　属性とは、備わっているとされる性質や特徴のことです。例えば、「電子レンジ」には「構造」があります。「区画」には「気温」があると考えられます。また、「薬の副作用」を話題にしている文脈では、「薬」に「副作用」があると考えられます。

例：the structure of a microwave oven（電子レンジの構造）
　　the temperature in the compartment（区画の温度）
　　the side effects of this drug（この薬の副作用）

（d）種類として知られている（可算名詞）

　名詞が「種類」を表すとき、既知のものとして種類を特定できます。可算名詞の総称表現（p.118 スキルアップコラム「3つの総称表現」参照）の1つです。なお、不可算名詞の場合には「種類全体の定冠詞」は使えず、無冠詞で種類を表します。可算名詞を種類として表す場合とは、その種類を定義する文脈や機能に着目している文脈などがあります。例えば、「トランジスタには、エミッタ、ベース、コレクタという3種の端子がある。」という文脈では、トランジスタをthe transistorと表すことで、読み手は回路素子の一種として特定できます。

> The transistor has three terminals: the emitter, the base, and the
> collector.
> （トランジスタには、エミッタ、ベース、コレクタという3種の端子
> がある。）

「トランジスタ」を定義する文では、A transistorとして不定冠詞で種類を代表することができる一方で（p.118 スキルアップコラム「3つの総称表現」参照）、The transistorとして種類を特定することも可能です。エミッタ、ベース、コレクタも同様にtheで特定することができます。

> Water boils at 100 ℃.（水は100℃で沸騰する。）

一方、不可算名詞である「水」を描写する文では、theで種類を表すことはできません。theを使うと、The water is drinkable.（この水は飲める。）のように、同類の別のものと異なるものとして表されてしまいます。

別の文脈では、例えば「頭」、「脳」、「血液」のように人間の体の一部を指す場合にも、the head, the brain, the bloodと表すことで、読み手と書き手がともに認識している機能や種類として表すことができます。

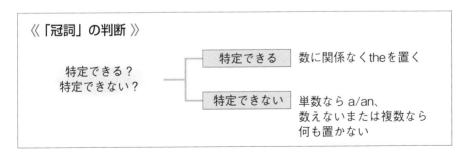

111

■ 不定冠詞a/anの選択

　不定冠詞のaとanは、名詞の発音に応じて選択します。名詞のはじめが子音（アイウエオ以外）ならa、母音（アイウエオ）ならanを選択します。視覚的に惑わされないよう、そして略語の発音（**第1章 p.87「略語の発音」参照**）にも注意して不定冠詞を選択します。

　次の例について、不定冠詞を置く場合を想定し、aかanのどちらかを選択してみましょう。

(a) (　　) ultraviolet ray
(b) (　　) unique file name
(c) (　　) European company
(d) (　　) LED
(e) (　　) SIM card

(a) an ultraviolet ray

　母音から始まるのでanを選択します。

(b) a unique file name

　uは、「ウ」ではなく、「ユ」と発音するのでaを選択します。視覚的に惑わされてanを選択しないように気を付けましょう。

(c) a European company

　Eは、「イ」ではなく「ヨ」と発音するので、aを選択します。視覚的に惑わされてanを選択しないように気を付けましょう。

(d) an LED

　LED（light-emitting diode）は、「エルイーディ」と読みます。視覚的にLは子音のように感じられるかもしれませんが、発音は母音から始まるので、anを選択します。

(e) a SIM card

　SIM（subscriber identify module）は、「シム」と読みます。子音から始まるのでaを選択します。

　略語には、アルファベットで発音する場合と、単語として発音する場合があるため、不定冠詞の選択では注意が必要です。

■ 参照符号付きの名詞の冠詞

　「Chapter 1（第1章）」や「Fig. 1（図1）」、さらには、「user A（ユーザA）」や「comparator 15（比較器15）」など、参照符号が付いている名詞は、冠詞の扱いが普通の名詞とは異なることがあります。名詞に参照符号が付いている場合には、その参照符号が名詞を特定していると考えることができます。つまり、参照符号が定冠詞theの代わりとなっていると理解できます。そのため、冠詞は通常不要です。

　例えば、「Chapter 1」は、「1」があることで、どのChapterを指すかが読み手にわかります。「Fig. 1」は、「1」があることで、どのFig.を指すか、読み手にわかります。また、「user A」や「comparator 15」についても同様です。参照符号が定冠詞theの代わりとなっていると理解し、冠詞は通常不要です。

　一方、例えば「ユーザA」が複数存在し、その中の不特定な1人や不特定な複数人を指すような場合には、参照符号付きであっても普通の名詞と同じように扱います。つまり、a user Aやusers A、the user Aやthe users Aのように扱います。

　また、参照符号付きの名詞であっても、初出か既出かを明示したい場合などには、a comparator 15, the comparator 15のように通常の名詞と同じように扱うことも可能です。

（3）ライティング練習問題

　「数」と「冠詞」に注意して、次の和文の内容を英語で書いてみましょう。p.117「名詞の判断手順」に従って、名詞の数と冠詞を決定しましょう。つまり、各名詞について、はじめにtheかどうかを判断し、theでないと判断した場合には、可算か不可算か、また可算の場合に単数か複数かを判断しましょう。

(a) 金属（水銀以外）は、高温で溶ける。

  〈金属＝metal、水銀＝mercury、高温＝high temperature、溶ける＝melt〉

答［   ］

(b) 脳は、身体の中で最も多く神経細胞が集まる場所である。

  〈脳＝brain、身体＝body、神経細胞＝neuron、集まる場所＝cluster〉

答［   ］

(c) 電波やマイクロ波など、あらゆる電磁波は光速で伝播する。

  〈電波＝radio wave、マイクロ波＝microwave、電磁波＝electromagnetic radiation、伝播する＝travel〉

答［   ］

(d) 気温が下がると、試験管内の液体が収縮する。

  〈気温＝temperature、下がる＝decrease、試験管＝test tube、液体＝liquid、収縮する＝contract〉

答［   ］

(e) 下図に太陽光発電システムの主要な部品を示している。

  〈図＝diagram、太陽光発電システム＝solar power system、部品＝component、示す＝illustrate〉

答［   ］

解答

(a) All metals, except mercury, melt at high temperatures.

解説 theかどうかをまず判断します。「金属」、「水銀」は一般的なものであり、特定できません。「高温」も何度の高温かがわかっているわけではないため、特定できません。そこで、theは使わず、数の判断に移ります。金属には可算・不可算の両方の用法がありますが、ここでは

114

「水銀以外の金属」を話題にしているため、種類を意識しています。金属は、種類を表す際に可算となります。「高温」は、各金属の融点を指すと考え、可算で複数にします。「水銀」は不可算のため無冠詞で一般的な水銀を表します。

(b)　The brain is the largest cluster of neurons in the body.

解説 「脳」と「身体」は読み手が知っている身体の一部分または機能として特定できると判断します。「最も多く集まる場所」には最上級を使い、唯一として定まるため、theを使います。「神経細胞」は特定できず、neuronは可算名詞であり、複数形を選びます。

(c)　All forms of electromagnetic radiation including radio waves and
　　 microwaves travel at the speed of light.

解説 「すべての電磁波」、「電波」、「マイクロ波」は特定できません。すべて可算・複数としたいところですが、「電磁波」electromagnetic radiationは不可算のため、適切な「入れ物」を検討します。forms（形態）やtypes（種類）が使えます。「光速」はthe speed of lightとして定冠詞で特定します。

(d)　When the temperature decreases, the liquid in the test tube
　　 contracts.
　　 または
　　 At lower temperatures, the liquid in the test tube contracts.

解説 「気温」は試験管の周囲の温度として特定できます。「試験管」は話題にしている試験管として特定でき、「試験管内の液体」も定まると考えられます。when節を使わずにat lower temperatures,を文頭に配置する場合には、無冠詞・複数を使って「低温の値の範囲」として表すことができます。

(e) The diagram below illustrates the main components of a solar
     power system.

解説 「下図」はthe diagram below（下にある図）と特定して表します。
「太陽光発電システム」は一例と考え、特定せずに不定冠詞で表します
が、「主要な部品」は太陽光発電システムの属性として定まると考えて
定冠詞を使います。

- 冠詞は名詞の前に置かれる（または置かれない）ことで、名詞の形状を予告したり名詞の意味を変えたりする重要な役割を果たす。
- theかa/anかと悩まず、theかどうか、つまり名詞が特定できるかどうかを考える。特定できる場合、名詞の「数」に関わらずtheを置き、特定できない場合、名詞の「数」に応じてa/anか無冠詞を形式的に選択する。数えるかどうかは「区切り」があるかどうかで判断する。

名詞の判断手順

《「数」の判断 》

英語の名詞は「数」を明示する必要があります。「数えるかどうか」を考え、数える場合には、さらに「単数か複数か」を決定します。

《「冠詞」の判断 》

「数」の判断に加えて、「冠詞」を決定する必要があります。「数」と「冠詞」は同時や並行して判断することもあれば、順に判断することもできます。

定冠詞theを置けるかどうか、つまり名詞が特定できるかどうかをはじめに考えます。

名詞が特定できる場合には、名詞の「数」に関わらずtheを置きます。特定できない場合には、名詞の「数」に応じてa/anまたは無冠詞を形式的に選びます。つまり、単数の場合には不定冠詞a/an、複数または数えない場合には無冠詞を選びます。

3つの総称表現

種類全体を表す総称表現

「モータは、電気エネルギーを機械運動に変えるものである。」と英語で書く場合、主語の「モータ」は単数にすればよいでしょうか、複数でしょうか。また、定冠詞を置くべきでしょうか。

この「モータ」は、特定のモータのことではなく、一般的なモータのことを指しています。このように、一般的な内容を表す表現を「総称表現」と呼びます。

名詞を可算名詞として扱う場合の総称表現には、次の3種類があります。

①不定冠詞＋単数形

　A motor converts electrical energy into mechanical motion.

②無冠詞＋複数形

　Motors convert electrical energy into mechanical motion.

③定冠詞＋単数形

　The motor converts electrical energy into mechanical motion.

なお、不可算名詞の場合、無冠詞で総称表現を表します。

例：**Mercury** conducts electricity.（水銀は電気を通す。）

ニュアンスの違い

①〜③の3つの総称表現は、それぞれ、次のようにニュアンスが異なります。

①**A motor**（不定冠詞＋単数形）

不特定な1つのモータについて述べることにより、どの1つを取っても同じことがいえるため、種類全体を代表して表します。この表現は、種類全体を表すといっても、あくまで「1つのモータ」について述べています。

したがって、種類全体を複数形で表すのが適切な文脈では使えません。

　例えば、「工業用モータは100年近く利用されてきた。」と書く場合には、「利用されてきた工業用モータ」は1つではなく、数多くあることが想定できます。そのような場合に「不定冠詞＋単数形」で書くと、読み手に不自然な印象を与えてしまいます。「1つのモータが100年近く利用され続けてきた。」という意味になってしまうためです。

An industrial motor has been used for nearly a century.　　… ✕

この場合、「モータ」は②無冠詞＋複数形で書くのが適しています。

Industrial motors have been used for nearly a century.　　… 〇

②Motors（無冠詞＋複数形）

　不特定な複数のモータについて述べることにより、種類全体について述べます。その種類のうちの一部を意味することも、全体を意味することも可能です。複数の個体を想定した表現となります。

③The motor（定冠詞＋単数形）

　「定冠詞＋単数形」は、その種類が既知であり、書き手と読み手が共通イメージとして特定できることから定冠詞を置いた形です。「モータという読み手が知っている種類」を意味しています。

　①不定冠詞＋単数形と②無冠詞＋複数形がそれぞれ個体を想定しているのに比べて、③定冠詞＋単数形は種類を抽象的にとらえた表現となります。そのため、ある名詞について定義する文などの堅い文脈で多く使われます。

それぞれの使い道

　3つの総称表現は、次のように使い分けることができます。

①不定冠詞＋単数形

　「不定冠詞＋単数形」は、名詞の意味の説明や定義に使います。また、②無冠詞＋複数形で種類全体について先に述べた後に、不特定な1つを取り上げて詳しく書く場合にも「不定冠詞＋単数形」を使うことができます。「不定冠詞＋単数形」を使うと単複呼応の問題（p.105 スキルアップコラム「単複呼応の問題」参照）に悩むことがありません。したがって、

例えば、機械の構造の説明など、複雑な説明が必要な場合に「不定冠詞＋単数形」を使うと書きやすい場合があります。なお、前ページでも説明した通り、種類全体を複数形で表すのが適切な文脈では、この表現は使えません。

②無冠詞＋複数形

　事象についての説明文で使います。他の2つの総称表現と比べて、使用できる文脈の制約が少ない表現で、技術文書の英文で最も活用範囲の広い総称表現です。

③定冠詞＋単数形

　「定冠詞＋単数形」は、種類全体を抽象的に表す場合や名詞について定義する文で使います。他の2つの総称表現と比べると、使用頻度は高くありません。

3. 主語と動詞

（1）主語と動詞の決定

■ 主語と動詞は英文の必須要素

　主語と動詞は、英文に必須の要素です。元となる和文に主語がない場合でも、英文を書くためには主語が必要です。

　英文を書くためには、まず「主語を何にするか」と「動詞を何にするか」を決定します。主語と動詞を決定したら、英文のはじめに主語を、主語のすぐ後に動詞を置きます。

　主語と動詞だけで英文を完成することもできますが、目的語や補語といった他の要素が必要な場合もあります。他の要素の要否は、どのような動詞を選ぶかによって決まります。主語と動詞に続いて、必要に応じて要素を配置します（p.133「5つの文型」参照）。

　なお、命令文には主語がなく、動詞から開始します。命令文は目の前の「あなた」に対して動作を促しますので、主語がわかっているため省略し、動作から文を開始します。

■ 名詞の形

　技術文書の英文では、主に無生物を主語に使います。そこで、主語となる名詞は、人の場合のIやweと異なり、名詞の「数（単数、複数、数えない）」と「冠詞（定冠詞、不定冠詞、無冠詞）」を書き手が決定する必要があります（p.97「名詞の取り扱い－数」，p.107「名詞の取り扱い－冠詞」参照）。

■ 動詞の形

　英語の動詞は時制に応じて形が変わります。現在形で、主語が三人称

（Iとyou以外）、単数、そして現在形の場合に、「三単現*のs」を付けるなど、動詞の形を必要に応じて変化させます。

　「三単現のs」は、主語に応じた動詞の変化の名残りともいえます。三単現のsがあることで、英文中の動詞の位置が読み手に一目でわかったり、主語が単数であることや時制が現在形であることが一目でわかったりする、便利で大切な決まりごとです。

■ 主語と動詞の決定

　英文を作成する際、はじめに決定する主語には、主題（話題の中心）、上位の概念や全体構造、もしくは既出情報を使います。主語を決定したら、主語に合う動詞を探しますが、その際、他動詞、自動詞、不完全自動詞のように、使用する動詞の種類によって文型が決定します。文型については次節で詳しく説明します。

（2）主語の選択

■ 話題の中心

　例えば「ハイブリッド車は燃費がよい。」を英語で書く際には、話題の中心、つまり主題である「ハイブリッド車」を主語にします。世の中に存在しているハイブリッド車は複数のため、一般的なハイブリッド車として、無冠詞複数形を選択します。

Hybrid vehicles have high fuel efficiency.

■ 上位の概念や全体構造

　次に、「ガソリンエンジンと電気モータを組み合わせた車がハイブリッド車である。」では、「ガソリンエンジン」、「電気モータ」、「ハイブリッド車」の3つの名詞が登場しますが、このうち、上位の概念、つまり全体構造となる「ハイブリッド車」を主語にします。主語は、先と同

*三単現（三人称・単数・現在形）の「三人称」とは、一人称（I）と二人称（you）以外のすべてのものを指します。例えば、「机」も「椅子」も三人称です。そして、「単数」とは、可算で単数の場合だけでなく、「数えない」場合も含みます。

様の考え方で無冠詞複数形とすることも、単数形とすることで1台のハイブリッド車に1台のガソリンエンジンと電気モータを使うことを明示することもできます。

A hybrid vehicle combines a gasoline engine with an electric motor.
または
Hybrid vehicles combine a gasoline engine with an electric motor.

なお、下位の概念である「ガソリンエンジンと電気モータ」を主語にしたA gasoline engine and an electric motor are combined in a hybrid vehicle.やA gasoline engine and an electric motor are used to power a hybrid vehicle.（power = 駆動する）よりも、「ハイブリッド車」を主語にするほうがこの文脈では自然で適切です。

■ 既出情報
次に、「ガソリンエンジンと電気モータを組み合わせた車がハイブリッド車である。」に続く文章を考えてみましょう。

A hybrid vehicle combines a gasoline engine with an electric motor. **The electric motor** assists **the gasoline engine** during low-speed driving and acceleration, enabling less fuel consumption.
2文目：低速走行時や加速時に電気モータがガソリンエンジンをアシストするため、燃料消費を抑えることができる。

2文目では、主題である「ハイブリッド車」についてより詳しい内容を伝えるため、1文目で登場させた既出の情報を主語にすることができます。「電気モータ」を主語にしています。既出のため定冠詞theを使います。

このように、主題（話題の中心）、上位の概念や全体構造、もしくは既出情報を主語に選びます。さらに、日本語では、特に2文目の主語が省略されることが多くあり、そのような場合にも、適切な主語を探しま

しょう。例えば次の文では、2文目の主語として、「ハイブリッド車」を再び登場させます。

> ガソリンエンジンと電気モータを組み合わせた車がハイブリッド車である。従来のガソリン車よりも汚染物質の排出量が少ない。
> Hybrid vehicles combine a gasoline engine with an electric motor. **Hybrid vehicles** emit fewer pollutants than conventional gasoline vehicles.

1文目の主語に無冠詞複数形の「ハイブリッド車」を使い、次の文でも同じ主語を繰り返します。なお、このような場合に、共通項を探して1文にまとめることも可能です。接続詞andまたは関係代名詞（第3章 p.230「関係代名詞」参照）を使って、次のようにまとめることができます（第1章 p.57「センテンスの構成の仕方」参照）。

> Hybrid vehicles combine a gasoline engine with an electric motor **and** emit fewer pollutants than conventional gasoline vehicles.
> または
> Hybrid vehicles, **which** combine a gasoline engine with an electric motor, emit fewer pollutants than conventional gasoline vehicles.

（3）動詞の種類

■ 自動詞と他動詞

　自動詞とは、動作の対象（目的語）を後ろに必要としない動詞で、「自分だけで存在できる動詞」と考えることができます。他動詞は後ろに目的語を必要とし、「他のものに動作を働きかける動詞」と考えることができます。英語の動詞は、次の3つのいずれかに分類できますので、動詞が表す動作内容を考えるとともに、辞書で用法を調べて正しく使いましょう。

① 自動詞と他動詞の両方として使えるもの（自他両用）
② 自動詞としてのみ使えるもの
③ 他動詞としてのみ使えるもの

　辞書には、自（*vi.*）、他（*vt.*）、またはその両方の用法が記載されています。自（*vi.*）や他（*vt.*）の別は、英英辞書であれば辞書の定義、英和辞書であれば用例から把握するとよいでしょう。英英辞書の定義がわかりにくい場合には用例も確認しましょう。

① increase
Collins Dictionaryの定義

If something increases or you increase it, it becomes greater in number, level, or amount.
（何かが増加する、またはあなたが何かを増加させるということは、数、レベル、量が多くなること。）

　something increasesで「何かが増加する」という自動詞の用法があることがわかります。次に、you increase itで「あなたが何かを増加させる」という他動詞の用法があることがわかります。このように、英英辞書Collins Dictionaryの説明文から、increaseが自他両用であることがわかります。

新英和大辞典 第6版（研究社）の用例

His salary increased from \$250 to \$300.
（彼の給料は250ドルから300ドルになった。）
This feeling increased her happiness.
（この感じが彼女の幸福感を強めた。）

　辞書の2つの例文から、increaseがひとりでに増加する、という自動詞と、何かが何かを増加させるという他動詞の両方で使用できることがわかります。

　このような辞書の定義や用例を参考にするとともに、動詞が表す動作

がひとりでに起こり得るものか、または動作の対象が必要かを考えて用法を予測することも大切です。自動詞と他動詞の両用法で使える動詞は少なくありません。例えば、increaseの逆であるdecrease（〜を減少させる・〜が減少する）に加えて、combine（〜を組み合わせる・〜が組み合わさる）、mix（〜を混ぜる・〜が混ざる）も自他両用で使うことができます。自動詞で使うと受動態にならないため、簡潔に表現できることがありますので、文脈に応じて自動詞と他動詞のいずれで使うのが効果的かを検討しましょう。

② occur

Collins Dictionaryの定義・用例

定義：When something occurs, it happens.
（何かが生じるとは、何かが起こること。）
用例：If headaches only occur at night, lack of fresh air and oxygen is often the cause.
（頭痛が夜だけに生じた場合には、新鮮な空気や酸素が足りないことが原因である場合が多い。）

新英和大辞典 第6版（研究社）の用例

This must not occur again.
（こんなことは二度とあってはならない。）

③ cause

Collins Dictionaryの定義・用例

定義：To cause something, usually something bad, means to make it happen.
（何かを引き起こす、多くの場合に悪いことを引き起こすとは、それが起こるようにすること。）
用例：Attempts to limit family size among some minorities are likely to cause problems.
（一部のマイノリティにおいて家族の人数を制限しようとする試みは、問題を引き起こす可能性が高い。）

新英和大辞典 第6版（研究社）の用例

Carelessness <u>caused</u> the accident.
（不注意が事故を引き起こした。）

　このような定義や用例から、occurは自動詞、causeは他動詞であることがわかります。自動詞または他動詞のいずれかのみの用法しかない動詞も正しく使えるようにしましょう。

自動詞と他動詞を間違えやすい動詞

　自動詞と他動詞の用法を間違えやすい動詞もあります。辞書をこまめに引いて、自動詞または他動詞としての正しい用法を確認することが大切です。

例1：自動詞と間違えやすい他動詞
access（〜にアクセスする）
　accessは、「アクセスする」という動作を考えるとき、どこにアクセスするかが重要となるため、他動詞「〜にアクセスする」としてのみ使用が可能です。「アクセスする」という自動詞の意味では使用できません。
　目的語に対する訳語が「〜を」ではなく「〜に」であること、名詞accessを使ったaccess to（〜へのアクセス）としての使い方が定着していることから自動詞と勘違いされることが多いようです。
　例えば、「登録されたユーザであれば、データベースにアクセスできる。」の場合、Registered users can access the database. が正しい使い方で、Registered users can access to the database. は誤りです。accessを動詞ではなく名詞で使う場合、Registered users <u>have access to</u> the database. のようにaccess toとすることが可能です。

例2：自動詞と他動詞の文脈が異なる動詞
approach（近づく、〜に近づく）
　approachは、自動詞と他動詞の両方で使用することができますが、自動詞の場合と他動詞の場合では使える文脈が異なります。
　他動詞「〜に近づく」の意味では、例えば、A approaches B.（AはBに近づく。）のような文脈で使用します。A approaches to B.のように自動詞として使うことはできません。
　自動詞「近づく」は、例えば、The new year is approaching.（新年が近づいている。）のような文脈で使用します。

■ 不完全自動詞

　自動詞であるが、それ単体で存在できず、後ろに補語が必要な動詞を不完全自動詞といいます。「～である」という意味で使うbe動詞が不完全自動詞の代表例です。Hybrid vehicles are popular.（ハイブリッド車は人気がある。）やA hybrid vehicle is a combination of a gasoline engine and an electric motor.（ハイブリッド車はガソリンエンジンと電気モータを組み合わせたものである。）のように、補語と主語がイコールの関係にあり、形容詞（popular）を使って主語を描写したり、名詞（a combination）を使って主語を定義したりする文で不完全自動詞のbe動詞を使います。他の不完全自動詞には、例えばbecome（～になる）やremain（依然として～である）などがあげられます。

（4）ライティング練習問題

　　主語と動詞（命令文の場合には動詞のみ）を決め、自動詞と他動詞を意識しながら次の和文の内容を英語で書いてみましょう。名詞の数と冠詞にも注意しましょう。

(a)　床に敷設した鉄板が経時により腐食する可能性がある。

　　〈鉄板＝iron panel、床＝floor、腐食する＝corrode、経時により＝over time〉

　答[　　　　　　　　　　　　　　　　　　　　　　　　　　　]

(b)　油と水は分子構造が異なるため、互いに混ざりあわない。

　　〈油＝oil、水＝water、分子構造＝molecular structure〉

　答[　　　　　　　　　　　　　　　　　　　　　　　　　　　]

(c)　エネルギー価格の上昇によって、商品の価格が急速に上がった。

　　〈エネルギー価格＝energy price、商品の価格＝commodity price、急速に＝sharply〉

　答[　　　　　　　　　　　　　　　　　　　　　　　　　　　]

(d)　太陽エネルギーは、運転中に温室効果ガスを放出しない。

〈温室効果ガス＝greenhouse gas、放出する＝emit〉

答［　　　　　　　　　　　　　　　　　　　　　　　　　　　］

(e)　携帯電話の充電が完了したら、充電器をコンセントから抜いて
ください。

〈携帯電話＝mobile phone、充電する＝charge、充電器＝charger〉

答［　　　　　　　　　　　　　　　　　　　　　　　　　　　］

解答

(a)　The iron panels on the floor may corrode over time.
または
　　The iron floor panels may corrode over time.

解説　主語「床に敷設した鉄板」は「鉄板」を複数と想定します。「床」
は何らかの状況設定の中で特定できるものと考え、the floorとします。
the iron panels on the floorまたはthe iron floor panelsとします。動詞
corrodeは自動詞と他動詞の両方で使えますが、「経時によりひとりでに
腐食する」と考え、自動詞として使います。

(b)　Oil and water have different molecular structures and do not mix
each other.

解説　oilとwaterはいずれも不可算名詞で使います。oilのほうは可算・
不可算の両方がありますが、ここでは複数種類とする必要がないため、
無冠詞単数形とします。

　　動詞mixは自動詞と他動詞の両方で使えますが、ここでは「油と水」
がひとりでに混ざり合うことがないという内容を表しているため、自動
詞とします。

(c)　The rising energy prices have increased the commodity prices sharply.

または

The commodity prices have increased sharply due to the rising energy prices.

解説　「上昇するエネルギー価格」または「商品の価格」を主語にできます。前者の場合にincreaseを「～を増加する」を表す他動詞として、後者の場合に「増加する」を表す自動詞として使います。price（価格）は、可算と不可算の両方がありますが、「エネルギー価格」も「商品の価格」もそれぞれ複数の値と考えて複数形にします。

(d)　Solar energy emits no greenhouse gases during operation.

解説　「エネルギー」を表すenergyは不可算で扱います。形容詞solarを使います。無冠詞単数形で一般的な「太陽エネルギー」のことを表します。「温室効果ガス」は複数種類あるため複数形とします。「～を放出する」を表す他動詞emitを使います。

(e)　Unplug the charger when your mobile phone is fully charged.

解説　「～してください」というように動作を促すため、命令文を使います。意味上の主語は「あなた」ですので、「携帯電話」はyour mobile phoneとすることで、「あなた」に話しかけるとよいでしょう。マニュアルで見られる動作を促す文章で、pleaseは不要です。「充電器」は状況の中で一意に定まるためtheで特定します。

主語と動詞の**POINT**

- 英文には主語と動詞が必須で、はじめに主語、続いて動詞を置く。命令文は主語「あなた」を省略して動詞で開始する。
- 動詞には「自動詞のみ」、「他動詞のみ」、「自他両用」のいずれかの用法がある。動詞が表す動作を考えるとともに、辞書も参照し、自動詞と他動詞を正しく使う。

便利な動詞determine

「判定する」、「知る」、「調べる」、「求める」、「決まる」、「測定する」

　次の和文の内容を英語で書く場合にどのような英語の動詞が使えるでしょう。

(a)　その回路は、電圧が閾値を超えているか否かを<u>判定する</u>。

(b)　この関数により、現在のカーソルの行位置を<u>知る</u>ことができる。

(c)　ゲージにより、タンク内の液面を<u>調べる</u>。

(d)　制御回路は、実際の電池の温度と推定温度との間の差を<u>求める</u>。

(e)　これらの要素によって周波数が<u>決まる</u>。

(f)　計器を使って塗料に含まれる鉛の量を<u>測定できる</u>。

　日本語をそのまま英単語に置き換えようとした場合。例えば、(a)「判定する」にjudge、(b)「知る」にknowが思い浮かぶかもしれません。しかし、日本語をそのまま英単語に変換するだけでは、文脈にそぐわない場合や、間違ってしまう場合が少なくありません。

　(a) では、「判定する」という日本語に引きずられてjudgeを使うと誤りです。judgeの意味する「判断を下す」は、「考える」ことを指しますが、回路は考えることができないためです。「決定する（determine）」が使えます。

　(b) では、「知る」という日本語に引きずられてknowを使うのは不適切です。knowは「知っている」状態を表します。ここでも「決定する（determine）」が使えます。

　(c) では、「調べる」を意味するexamineも可能ですが、「決定する（determine）」が使えます。

　(d) では、「求める」を意味するobtainやcalculateも可能ですが、「決定する（determine）」が使えます。

　(e) では、「決まる」という日本語に引きずられてdecideを使うのは誤り

です。decideの主語は「人」のためです。「決定する（determine）」が使えます。

（f）では、「測定する」という意味のmeasureも可能ですが、実際は、「測定（measure）により決定する」ため、「決定する（determine）」が使えます。

自然な英語を書くためには、日本語に引きずられず、伝えようとしていることをよく考える必要があります。

技術文書で活躍するdetermine

前ページの例文 (a) 〜 (f) のすべてに動詞determine（決定する）を使うことができます。

動詞determineは、主語が「人」でも「もの」でも、「判定する」、「知る」、「調べる」、「求める」、「決まる」、「測定する」といった場合に使えて、技術文書の英文で活躍する便利な動詞です。

例えば、前ページの例文を次のように英語で表現できます。

(a) The circuit determines whether the voltage exceeds the threshold.
(b) The function is used to determine the current row position of the cursor.
(c) The gauge determines the level of the fluid in the tank.
(d) The controller determines a difference between the actual battery temperature and the estimated battery temperature.
(e) These elements determine the frequency.
(f) The instrument can determine the lead content in the paint.

4. 文型

（1）5つの文型

■ 英文の要素「主語・動詞・目的語・補語」
英文の骨組みとなる要素には、次の4つがあります。

> | 主語（S） | （〜は／〜が）
> | 動詞（V） | （〜である／〜する）
> | 目的語（O） | （動詞が表す動作や行為の対象となる）
> | 補語（C） | （主語や目的語が「どういうものか」を説明する）

　主語（S）と動詞（V）は、命令文を除くすべての英文に必要です（命令文は主語が不要）。主語（S）と動詞（V）に、必要に応じて目的語（O）と補語（C）を組み合わせて英文の骨組みを作ります。

■ 5つの文型のうちのシンプルな3つが重要
英文の骨組みには次の5つがあり、5つの文型と呼ばれます。

> (a) SV
> (b) SVC
> (c) SVO
>
> (d) SVOO
> (e) SVOC

　これら5つの文型の中で、技術文書の英文で主に使用するのは、□□□で囲んだ (a) SV、(b) SVC、(c) SVOです。

5つの文型を理解できたら、最後の2つを避け、シンプルなSV、SVC、SVOを使いましょう。そうすることで、誤りが減るとともに、明確、簡潔に内容を伝えることができます。

(a) SV

　主語と動詞だけで、「～は（が）、～する」を表す英文の骨組みが完成します。自動詞を使います。主語と動詞だけでは内容が足りない場合があるため、修飾語句を伴うことが少なくありません。例えば次の例文では、文に必須の骨組みWater freezesに対して、修飾語句at 0 ℃（0℃で）が加わっています。

〈例文〉 Water freezes at 0 ℃. （水は0℃で凍る。）
　　　　　 S　　　 V

(b) SVC

　主語と動詞、加えて補語を使い、「～は（が）～である」を表します。意味の上でS＝Cとなります。この文型で使う動詞の代表例は不完全自動詞と呼ばれるbe動詞で、補語には形容詞で「主語を描写する」、または名詞で「主語が何であるかを定義」します。be動詞の他にも、不完全自動詞であるremainやstayなどもこの文型に使うことができます。

〈例文〉 Water is stable. / Water is a stable compound.
　　　　　 S　 V　 C　　　 S　 V　　　 C

　　　　（水は安定している。）（水は安定した化合物である。）

　　　　 Water remains crucial for maintaining life on the earth.
　　　　　 S　　　 V　　　 C

　　　　（水は地球上の生命を維持するために重要であり続ける。）

(c) SVO

　主語と動詞、そして動作の対象となる目的語を使い、「～は（が）～を～する」を表します。動詞には、他動詞が必要です。

〈例文〉 Water covers most of the earth's surface.
　　　　　 S　　 V　　　　 O

　　　　（水は地表の大部分を占めている。）

(d) SVOO

主語と動詞、動作の対象となる目的語と、さらに2つ目の目的語を使い、「〜は（が）、〜に、〜をする」を表します。この文型には、giveやsend, show, offerといった特定の他動詞しか使えません。

〈例文〉<u>Water</u> <u>gives</u> <u>us</u> <u>life</u>.
　　　　 S 　　 V 　 O 　O

　　（水は、我々に生命を与えてくれる。）

(e) SVOC

主語と動詞、動作の対象となる目的語と、その目的語がどうなるかを表す補語を使い、「〜は（が）、〜を、〜にする」を表します。意味の上でO＝Cとなります。この文型には、makeやkeep, callといった特定の他動詞しか使えません。次の例文では、「生物（organisms）＝生きている（alive）」です.

〈例文〉<u>Water</u> <u>keeps</u> <u>organisms</u> <u>alive</u>.
　　　　 S 　　 V 　　　 O 　　　　 C

　　（水は、生物の生命を維持する。）

（2）SVO

■ 強い印象を与えるSVO

英語は自動詞よりも他動詞の数が多いため、SVO（誰か／何かが、何かをする）は最も多く使用する文型です。強い印象を与えるSVOにより、明確で簡潔に表すことができます。

■ SVOと他文型との比較

和文をそのまま英語に置き換えるとSVO以外の文型に対応する場合であっても、次のように表現を工夫することにより、SVOにリライトすることができます。

(a)　高速伝送には広い帯域幅が必要である。

For high-speed data transmissions, a broad bandwidth is necessary.（SVC）

SVOにリライト High-speed data transmissions necessitate a broad bandwidth.

SVOを使うことで、語数が減り、強い印象を与えるとともに、コンマを伴う名詞節がなくなり読みやすくなります。

(b)　算術計算としては、加減乗除がある。

There are addition, subtraction, multiplication, and division as arithmetic operations.（SV）

SVOにリライト Arithmetic operations include addition, subtraction, multiplication, and division.

there is/areの表現を使ったSVの英文は、別の表現が可能な場合には避けます。SVOを使うことで読みやすくなります。

(c)　電子回路においては、入力信号と出力信号の間に遅延が存在している。

In an electronic circuit, a delay exists between an input signal and an output signal.（SV）

SVOにリライト An electronic circuit has a delay between an input signal and an output signal.

和文「存在する」は、existという自動詞を使わずに表現できるのが通例です。existを使わずにSVOを使えば、より自然な英文となる場合があります。

(d)　人間の創造性と直感を生成AIで完全に置き換えることは不可能だ。

It is impossible for generative artificial intelligence to completely replace human creativity and intuition.（SVC）

SVOにリライト Generative artificial intelligence cannot completely replace human creativity and intuition.

形式主語itを含むit is…toの表現は、英文が長く複雑になります。別の表現が可能な場合には避けるほうがよいでしょう。SVOを使うことで、語数が減るとともに、強く明快な印象を与えることができます。

(e)　電源スイッチをオンにすれば、ディスプレイが点灯する。

　When you turn on the power switch, the display will be lit.（SVO）

`SVOにリライト` Turning on the power switch will light the display.

　「電源スイッチをオンにすることが、ディスプレイを点灯させる。」のようにSVOに合わせて和文を書き直すことで、簡潔に表せます。動作を名詞化した「〜すること」は、動名詞で表せます（第3章 p.197「動名詞」参照）。

（3）ライティング練習問題

　3つの文型（SV，SVC，SVO）を使って、次の和文の内容を英語で書いてみましょう。SVには自動詞、SVCにはbe動詞やほかの不完全自動詞、SVOには他動詞を使います。英語の文型に合わせて和文を書き直すのも良いでしょう。

(a)　インフルエンザウイルスは常に変異している。

　〈インフルエンザウイルス＝influenza virus、変異する＝mutate〉

答[　　　　　　　　　　　　　　　　　　　　　　　　　　　　　]

(b)　青銅とは、銅とスズの合金である。

　〈青銅＝bronze、銅＝copper、スズ＝tin、合金＝alloy〉

答[　　　　　　　　　　　　　　　　　　　　　　　　　　　　　]

(c)　リチウムイオン電池は用途が多い。

　〈リチウムイオン電池＝lithium-ion battery〉

答[　　　　　　　　　　　　　　　　　　　　　　　　　　　　　]

(d)　ノブを左右に回すことで、音量を調整できる。

　〈ノブ＝knob、回す＝rotate、音量＝volume、調整する＝adjust〉

答[　　　　　　　　　　　　　　　　　　　　　　　　　　　　　]

(e) 分析を行った結果、古いソフトウェアがクラッシュやシステム
の不安定性の原因であることがわかった。
〈分析＝analysis、古いソフトウェア＝outdated software、不安定性＝
instability〉
答[   ]

解 答

(a) Influenza viruses mutate constantly.
解説 主語「ウイルス」、動詞「変異する」から構成するSVの文です。
virus（ウイルス）は一般論として無冠詞複数形とします。mutateは自
動詞と他動詞の両方がありますが、「ひとりでに変異する」を表す自動
詞とします。副詞constantly（常に）でmutateを修飾します。

(b) Bronze is an alloy of copper and tin.
解説 「青銅」＝「合金」を表すSVCを使います。alloy（合金）は可算・
不可算の両方がありますが、「青銅とは何か」を定義する文のため、
alloyを数えるanを使います。

(c) Lithium-ion batteries are versatile.
解説 「リチウムイオン電池」は一般論を表すために無冠詞複数形とし
ます。「用途が多い」はhave many usesやhave many applications、ま
たare used for many purposesなどといった表現も可能ですが、形容詞
versatile（多用途の）を使えれば、SVCで簡潔に表現できます。

(d) Rotating the knob left or right adjusts the volume.
解説 SVOに合わせて和文を「ノブを左右に回すことが、音量を調整す
る。」に組み立て直します。主語「ノブを左右に回すこと」には、
rotate（回す）の動名詞rotatingを使います。動名詞は動詞の性質を残
して名詞として働くため、直後に目的語the knobを配置できます（**第3
章 p.197「動名詞」参照**）。leftとrightを副詞で使います。「音量」は該当
する装置の音量として定まるため定冠詞theを使います。

(e) The analysis reveals that the outdated software is the cause of the crashes and system instability.

解説 SVOに合わせて和文を「分析が、古いソフトウェアがクラッシュやシステムの不安定性の原因であることを示した。」に組み立て直します。「分析」は既に行ったことを強調するために定冠詞theを使うとよいでしょう。主語「分析」、動詞「示す」を並べ（The analysis reveals）、that節の中に「古いソフトウェアがクラッシュやシステムの不安定性の原因である」という文を作ります。解答では、software, cause, crashes and system instabilityすべてにtheを使って特定しました。the cause（それこそが原因）をa causeとすると、数ある原因のうちの1つとして表されます。SVOを能動態で使うことで、As a result of analysis, it was revealed that the outdated software was the cause of the crashes and system instability. よりも少ない語数で表現できます。時制について、2024年1月現在、例えばDeepL翻訳（https://www.deepl.com/translator）でこの解答例「The analysis reveals that…」を日本語に逆翻訳すると、「分析の結果、…であることが判明した。」という日本語が出力されます。このことからも、日本語の「結果」をAs a result of…、「判明した」をrevealed（過去形）と英訳しなくてもよいことを伺い知ることができます。

文型の**POINT**

- 5つの文型のうち、SV（自動詞が特徴）、SVC（定義または描写）、SVO（他動詞が特徴）を各型の利点を活かして使う。
- 特にSVOの能動態を活用する。

第1章 ライティングの基本

第2章 ライティングの英文法I

第3章 ライティングの英文法II

第4章 ライティングの応用

139

日本人的発想からの脱却

英語で表現してみましょう

次の和文の内容を英語で表現し、訳例1と比較しましょう。

(a) ABC大学の学生です。生物学を専攻しています。
(b) 昨日は体調不良で大学の講義に出席しませんでした。
(c) その英語クラスには生徒が40人います。
(d) ビデオゲームは、音楽と映画を合わせたよりも、よく売れている。
(e) 原稿を1日で読むのは不可能です。

訳例 1

(a) I am a student at ABC University. I am majoring in Biology.
(b) Yesterday I did not attend a university lecture because I was not feeling well.
(c) There are 40 students in that English class.
(d) Video games sell more than music and movies combined.
(e) It is impossible to read a manuscript in a day.

動詞を活かしましょう

上の訳例1は、DeepL機械翻訳を使って英訳した結果（2024年1月）です。日本語から訳した場合の典型的な英語表現例といえるでしょう。また、機械翻訳にありがちな現在進行形の多用（am majoring, was not feeling）や不要な大文字（Biology）も見られます。細部を修正するとともに、発想を変えて動詞を活かすことで、より英語らしく、わかりやすく表現できないか考えてみましょう。

訳例 2

(a) I study biology at ABC university.

　「専攻は生物学」と「学生です」は、「生物学を大学で勉強している」と言い換えることができます。be動詞を避けてSVOを使うことで英文が短くなり、強い印象を与えられます。

(b) I skipped university lectures yesterday because I felt unwell.
　　または
　　My sickness prevented me from attending university lectures yesterday.
　「講義に出席しなかった」を「講義を飛ばした」と考えてskippedと表現できます。または、「体調不良（my sickness）が私が講義に出席するのを妨げた」と表現することもできます。訳例1では2箇所に否定文のnotが使われていたため、1箇所でも肯定表現に変更することがおすすめです（第1章 p.49「肯定形を使う」参照）。

(c) The English class has 40 students.
　　または
　　Forty students attend the English class.
　there is/areは別の表現に言い換えられるのが通例です。SVOを使うことで、より明確で理解しやすい表現にできます。

(d) Video games outsell music and movies combined.
　outsell（〜よりよく売れる）という動詞を使えば比較級を使わずに、明確で簡潔に表現できます。

(e) I cannot read the manuscript in a day.
　形式主語itを使ったit is…toは、長く読みづらくなるため多用を避けます。

SVOを使って直訳から脱却

　前ページの「訳例1」のような表現は、日本語から直訳された英文技術文書に多く見られます。つまり、be動詞、there is/areの表現、it is…toの

表現の多用が人による英訳にも機械翻訳を使った英訳にも見られます。その結果、英文が読みづらくなってしまいます。

　そこで、和文をそのまま英語に置き換えた表現を避け、英文として自然で読みやすい表現や強い印象を与える表現を使うように心がけることが大切です。その際、5つの文型（SV，SVC，SVO，SVOO，SVOC）のうちで最も明快なSVO、つまり、「誰か／何かが、何かをする」の活用がおすすめです。

　そのような心がけによって、日本人的発想から脱却し、より自然かつ正確、明確、簡潔な英文を書くことが可能になるでしょう。

5. 時制

（1）数が多い英語の時制

■「過去」、「現在」、「未来」×4種で12の時制

英語の時制は、「過去」、「現在」、「未来」という時間軸上の3つの時期、つまり「過去形」、「現在形」、「未来の表現will」のそれぞれに対して、「進行形」、「完了形」、「完了進行形」があると考えた場合に合計12個の時制が存在しています。まずはその全体像を理解した上で、それぞれの時制の特徴をとらえ、技術文書で使用する頻度が高い時制を使えるようにするのが得策です。時制の数が多いため、1つ1つの時制によって、日本語よりも厳密な範囲が表されます。表中に色付けをしている時制を中心に理解すると、時制の全体像が理解しやすくなります。

過去	現在	未来
過去形	現在形	未来の表現will
過去進行形	現在進行形	未来進行形
過去完了形	現在完了形	未来完了形
過去完了進行形	現在完了進行形	未来完了進行形

「過去形」は今と途切れた状況、「現在形」は今日も明日も変わらない普遍的な状況、「未来の表現will」はまだ起こっていないことで、この先起こると人が予測している内容を表します（第3章 p.169「助動詞」参照）。

それぞれに対する「進行形」は、その時点で起こっている状況を表し、「完了形」はその時点よりも前からその時点まで継続している状況を、その時点に焦点をあてて表し、「完了進行形」はそれぞれの「完了形」に対して動作が進行中であることを表します。

■「過去」に関する4つの時制

- The company **developed** advanced antivirus software (last year).
  （高度なウイルス対策ソフトを（昨年）<u>開発した</u>。）

- The company **was developing** advanced antivirus software when the new computer virus emerged.
  （新しいコンピュータウイルスが出現したとき、会社は高度なウイルス対策ソフトを<u>開発している</u>最中だった。）
- The company **had** (already) **developed** advanced antivirus software when the new computer virus emerged.
  （新しいコンピュータウイルスが出現する前、会社は（既に）高度なウイルス対策ソフトを<u>開発していた</u>。）
- The company **had** (already) **been developing** advanced antivirus software (for five years) when the new computer virus emerged.
  （新しいコンピュータウイルスが出現する前、会社は（既に5年間）高度なウイルス対策ソフトの<u>開発に取り組んでいた</u>。）

それぞれの例文が表す状況をわかりやすくするための追加情報を丸括弧に入れています（以下も同様です）。

■「現在」に関する4つの時制

- The company **develops** advanced antivirus software.
  （高度なウイルス対策ソフトを<u>開発している</u>会社だ。）

- The company **is** (currently) **developing** advanced antivirus software.
  （会社は（目下）、高度なウイルス対策ソフトの<u>開発に取り組み中だ</u>。）

- The company **has developed** advanced antivirus software.
  （高度なウイルス対策ソフトを<u>開発してきた</u>。）

144

- The company **has been developing** advanced antivirus software (for the past five years).
  ((過去5年間)高度なウイルス対策ソフトの<u>開発に取り組んでいる</u>。)

■「未来」に関する4つの表現

- The company **will develop** advanced antivirus software (in the future).
  ((将来的に)高度なウイルス対策ソフトを<u>開発する予定だ</u>。)

- The company **will be developing** advanced antivirus software.
  (高度なウイルス対策ソフトを<u>開発する予定だ</u>。)
- The company **will have developed** advanced antivirus software by the time a new major computer virus emerges.
  (主要な新しいコンピュータウイルスが出てくるまでには<u>開発を終えているだろう</u>。)
- The company **will have been developing** advanced antivirus software by the time a new major computer virus emerges.
  (主要な新しいコンピュータウイルスが出てくるまでには<u>開発に着手しているだろう</u>。)

なお、未来の表現willに対してwill be developing(その頃~している)、will have developed(その頃すでに~となっている)、will have been developing(その頃~している)を使うことは、他の時制に比べて頻度が高くありません。

　未来の表現にはwillの他にbe going toもありますが、正式な書き言葉では、「計画」や「意図」を表す動詞plan toやintend toで表すのが通例です。例えば、The company is going to develop advanced antivirus software. は、The company plans to develop advanced antivirus software. やThe company intends to develop advanced antivirus software. と表現します。加えて未来の表現にはbe expected to(~と予

測される）やexpect to（〜を予測する）やhave the potential to（〜の可能性がある）なども可能です。例えば、The company expects to develop advanced antivirus software.やThe company has the potential to develop advanced antivirus software.と表現できます。

（2）使用頻度の高い時制「現在形」、「現在完了形」、「過去形」

先に説明した12個の時制の概要を知った上で、技術文書での使用頻度が比較的高い次の3つの時制を使えるように習得しておきましょう。

■「現在形」

技術文書では、「普遍化」が必要になる場面が少なくありません。そのため、今日も明日も変わらない事象を表す「現在形」は、最も有益な時制といえるでしょう。

(a) Cybercrimes are increasingly complex, transnational, and anonymous.
（サイバー犯罪は複雑化するとともに、国境を越えて行われ、行為者の特定がますます難しくなっている。）

(b) Our analysis reveals a correlation between cybercrime rates and low cybersecurity awareness levels.
（分析により、サイバー犯罪の発生率とサイバーセキュリティーに対する意識の低さとの間に相関関係があることが明らかになった。）

(c) The company launches a new project to prevent cybercrimes.
（サイバー犯罪防止のための新たなプロジェクトを開始する。）

現在の状態を表したり、日本語「明らかになった」に対して現在形で普遍的に表したりすることができます。さらには、「新たな対策を開始」

といった近い予定の告知または「現在開始している」といった意味にも広く現在形が使用できます。

《 **現在形**（現在の状態、動作、事実）》

「今」の一帯を表す

過去 ───────────────▶ 未来
　　　　　　　　今

(a) 今の状況
(b) 普遍的事実
(c) 決まっている近い未来

■「現在完了形」

現在完了形は過去から今をつなげて一度に表します。現在完了形の視点は、過去ではなく今です。

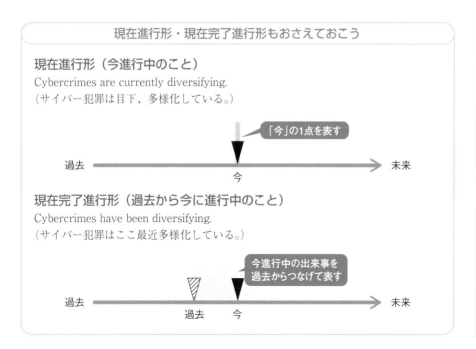

現在進行形・現在完了進行形もおさえておこう

現在進行形（今進行中のこと）
Cybercrimes are currently diversifying.
（サイバー犯罪は目下、多様化している。）

「今」の1点を表す

過去 ───────────────▶ 未来
　　　　　　　　今

現在完了進行形（過去から今に進行中のこと）
Cybercrimes have been diversifying.
（サイバー犯罪はここ最近多様化している。）

今進行中の出来事を
過去からつなげて表す

過去 ───────────────▶ 未来
　　　　　　過去　今

(a) Cybercrimes have emerged since the internet started being used widely.

（インターネットが普及してから、サイバー犯罪が見られるようになった。）

(b) Cybercrimes have recently been increasingly complex, transnational, and anonymous.

（サイバー犯罪が昨今、複雑化するとともに、国境を越えて行われ、行為者の特定がますます難しくなっている。）

(c) The document lists cybercrimes that have been committed this year.

（本資料に今年の現時点までに生じたサイバー犯罪のリストを掲載している。）

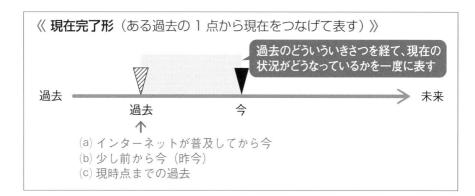

《 **現在完了形**（ある過去の１点から現在をつなげて表す）》

過去のどういういきさつを経て、現在の状況がどうなっているかを一度に表す

過去　　　　　　　　過去　　　　　　　今　　　　　　　未来

(a) インターネットが普及してから今
(b) 少し前から今（昨今）
(c) 現時点までの過去

■「過去形」
過去形は視点が過去にあり、今とは途切れた当時の状況を表します。

(a) More than 800,000 cybercrimes were reported to the authority in 2023.

（80万件を超えるサイバー犯罪が2023年に関係機関に報告された。）

過去完了形もおさえておこう

過去完了形（ある過去の1点とその時点よりも前をつなげて表す）

　「現在完了形」が現在を視点にして過去をふり返るのに対して、「過去完了形」は視点を過去に移し、そこからさらに古い過去をふり返ります。具体的には、過去からそれより前の過去をふり返る、過去が2つ登場し、それらの差違を表したい、という場合に使用します。そこで、視点が過去である、例えばある特定年に生じた出来事に焦点をあてた文書や調査結果などを淡々と記載する報告書、といった場合にのみ過去完了形の使用が検討できます。

Cybercrimes had been prevalent before advanced encryption technologies were available.
（高度な暗号化技術が利用できるようになる以前は、サイバー犯罪が蔓延していた。）

The 2024 investigation revealed that cybercrimes had increased after the introduction of 5G connectivity.
（2024年の調査により、5G接続の導入後にサイバー犯罪が増加していたことが明らかになった。）

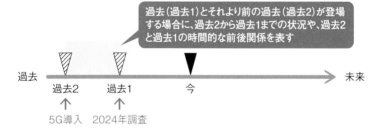

149

(b) Cybercrimes were mostly conducted by individual hackers but now involve networks of cybercriminals.
(サイバー犯罪は過去には個人のハッカーによって行われることが多かったが、今ではサイバー犯罪者のネットワークが関与している。)

(c) A survey on the awareness of cybercrimes was conducted among 50 students who are internet users.
(インターネットを利用する学生50人を対象に、サイバー犯罪に関する意識調査を実施した。)

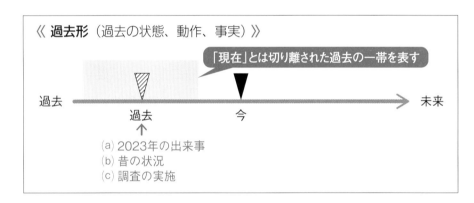

《 **過去形**（過去の状態、動作、事実）》

「現在」とは切り離された過去の一帯を表す

過去　　　　　　過去　　　　今　　　　　　　未来

(a) 2023年の出来事
(b) 昔の状況
(c) 調査の実施

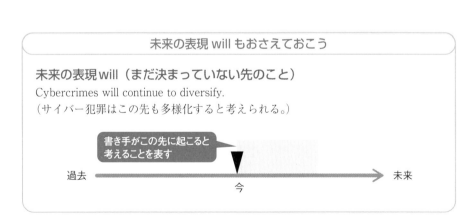

未来の表現 will もおさえておこう

未来の表現will（まだ決まっていない先のこと）
Cybercrimes will continue to diversify.
（サイバー犯罪はこの先も多様化すると考えられる。）

書き手がこの先に起こると考えることを表す

過去　　　　　　　　　　今　　　　　　　未来

今と途切れた内容を表すため、技術文書では、2023年や昨年といった過去の特定の時点の表現を伴う場合、現在は状況が異なることを表したい場合、過去の実験や調査の報告という意味を強調したい場合に使用します。

（3）ライティング練習問題

最適な時制を選択して、次の和文の内容を英語で書いてみましょう。日本語の時制によらず、自由に時制を検討しましょう。

(a) 有機発光ダイオード（OLED）は、民生用電子機器の分野で大きな注目を集めている。

〈有機発光ダイオード = organic light-emitting diode、民生用電子機器 = consumer electronics、注目 = attention〉

答［　　　　　　　　　　　　　　　　　　　　　　　　　　　　］

(b) 当社では、マルウェアからパソコンを守るためのウイルス対策ソフトプランを提供している。

〈マルウェア = malware、守る = protect、ウイルス対策ソフトプラン = antivirus software option〉

答［　　　　　　　　　　　　　　　　　　　　　　　　　　　　］

(c) 研究により、アルツハイマー病の初期段階を検出するバイオマーカーが明らかになった。

〈研究 = study、アルツハイマー病 = Alzheimer's disease、初期段階 = early stage、バイオマーカー = biomarker〉

答［　　　　　　　　　　　　　　　　　　　　　　　　　　　　］

(d) 当社のAIアルゴリズムによって、医療画像を素早く分析し、異常を特定することができるようになる。

〈AIアルゴリズム = AI algorithm、医療画像 = medical image、異常 = abnormality〉

答[   ]

(e)　各サンプルの吸光度を分光計で測定し、結果を表1に示した。
　　〈吸光度＝absorbance、分光計＝spectrometer、表＝table〉
　　答[   ]

解 答

(a)　Organic light-emitting diodes (OLEDs) have received extensive attention in the field of consumer electronics.
または
Organic light-emitting diodes (OLEDs) receive extensive attention in the field of consumer electronics.

解説「注目を集めている」には現在完了形または現在形を使います。進行中という臨場感を出したい場合には、現在完了形のhave been receivingも使えます。略語OLEDは丸括弧内に配置します（第1章 p.86「略語の表記法」参照）。diodeは可算名詞のため、一般論を表す複数形とします。

(b)　The company offers antivirus software options to protect computers against malware.

解説今日も明日も変わらない普遍的事象として現在形を使用します。現在完了形を使ってhave offeredと表現することも可能です。「ソフトプラン（software options）」は複数形を選択します。malwareは不可算名詞のため無冠詞とします。

(c)　The study has revealed a biomarker that can detect early stages of Alzheimer's disease.
または
The study reveals a biomarker that can detect early stages of Alzheimer's disease.

解説「明らかになった」には現在完了形または現在形を使うことで、その事象が現在も重要であることを明示できます。

(d)　Our AI algorithms are expected to quickly analyze medical images and identify abnormalities.

または

Our AI algorithms have the potential to quickly analyze medical images and identify abnormalities.

または

Our AI algorithms will quickly analyze medical images and identify abnormalities.

解説　「できるようになる」という将来起こると考えられる事象に対して are expected to, have the potential to や will を使います。それぞれの動詞では、「期待できる」、「可能性がある」と表され、未来の表現 will の場合には「絶対そうなる」という意思が表されます。

(e)　Table 1 shows the absorbance of each sample measured using a spectrometer.

または

The absorbance of each sample was measured using a spectrometer. Table 1 shows the measurement results.

解説　和文中、「吸光度を分光計で測定し」は実際の行為のため過去形が可能ですが、「表1に示した」は過去形で記載することができません。理由は、表1は結果を現在も示していると考えられるためです。そこで、the absorbance of each sample measured using a spectrometer というように measured を過去分詞で修飾する形とするか、または2文にわけて、1文目に過去形、2文目に現在形を使います。

時制の**POINT**

- 普遍的事実を表す「現在形」、過去から今までの状況を表す「現在完了形」、過去の1点の事象を表す「過去形」を使い分ける。「進行形」の類は進行中の動作を強調したい場合のみ使用する。
- 未来は助動詞 will のほか、plan to, intend to, be expected to, have the potential to などと具体的に現在形で表現する。

読書で「英語で考える頭」を作る

読書のススメ

　伝わる英文技術文書を書くためには、日本語から英語へと言葉を置き換えるのではなく、日本語で理解した内容を新たに英語で伝えるように書く必要があります。そのためには、内容を英語で考えられるようになることが好ましく、「英語で考える頭」を作ることができれば英語を書くのが楽になります。

　日本で生活をしながら「英語で考える頭」を作ることは難しいと思われがちですが、英語で書かれた本を読むことで、頭の中を英語で満たすことができ、「英語で考える頭」を作ることができるのです。

　英語で書かれた本を読む目的は、様々な事象を英語で考えられるようになり、英語を書くことへの抵抗をなくすことであって、技術文書に使える英語表現や英単語を覚えることではありません。したがって、読む本は、技術系の本でなくても、小説でも雑誌でも、興味ある分野の本であれば内容を問いません。

『アマゾン』で好きな本を購入する

　洋書の購入には、『Amazon.co.jp』（https://www.amazon.co.jp/）が便利です。電子書籍やオーディオブックの購入もおすすめです。電子書籍の場合には、気になる単語の意味を辞書で確認しながら読み進めることも可能になります。オーディオブックの場合には、合わせてリスニング力も高めることができます。

　興味を持てる本であれば、何を購入してもかまいません。例えば、ベストセラー小説に興味があれば、『ハリー・ポッター』シリーズ（J. K. Rowling著）はどうでしょう。古典文学『Wuthering Heights』（Emily Bronte著）もよいかもしれません。伝記に興味があれば、脳科学者が脳卒中から復活した体験記を記した『My Stroke of Insight』（Jill Bolte Taylor著）や、話題性に富んだ『Elon Musk』（Walter Isaacson著）はどうでしょう。

有名な書籍ですと日本語の翻訳本も出ていますので、疲れたときは少し日本語で読みつないでも問題ありません。

　勉強としてではなく、内容を楽しみながら読み進めることができる本を選択することが大切です。知らない単語の意味をすべて調べるのではなく、どうしても気になる頻出単語のみを調べてどんどん読み進めるのがおすすめです。移動中の電車の中、仕事の休憩時間、就寝前、休日などの余暇を使ってまずは1冊読みきってみてください。

読み進めるうちに「英語で考える頭」へ

　1冊読みきることができれば、自然に頭の中に英語が飛び交っていることに気付くでしょう。その後は、5冊、10冊、と計画を立てて読み続けます。読み進めるうちに、英単語や英文法に対して抵抗がなくなり、英文を書く手がすらすらと動いていることでしょう。だまされたと思って、ぜひとも取り組んでほしいと思います。

6. 能動態と受動態

（1）態の選択の基本

■ 能動態が基本

　能動態は主語が動作を起こしている状況、受動態は主語が動作を受けている状況を表します。英語の基本は能動態で、受動態が必要な理由がある場合のみに受動態を使います。例えば、Anyone can speak English.（誰にでも英語は話せる）と English can be spoken by anyone.（英語は誰にでも話せる言葉である）であれば、前者のほうが直接的で自然です。後者は、「英語という言葉は」を主題とした上で、「誰にだって話せる」と by 以下を強調した表現になります。能動態を使うと簡潔かつ直接的に表現できる場合には、いつでも能動態を使いましょう。一方、主語となる動作主が表現できない場合や、動作主が重要でない場合には、受動態の使用を検討することができます。さらには、主語をそろえて同じテーマに焦点をあてたい場合にも、受動態の使用を検討することができます（p.160「受動態が必要な場合」参照）。

■ 受動態が増えてしまう原因

　和文を元にして書かれた技術文書の英文は、受動態が増える原因がいくつかあります。まず、元となる和文の主語がわかりにくい場合や省略されることが少なくありません。そのような場合に適切な英文の動作主が見つからず、英文で受動態になってしまうことがあります。加えて、和文自体が受動態になっていることや、動作主を表現しない客観的な表現となっていることも少なくありません。さらには、和文の難解な漢字表現が受動態に置き換えられることも原因の一つです。

(a) 和文の主語がわかりにくかったり、2回目の主語が省略されたりする

例1：新モデルのスマートフォンは高画質のトリプルレンズカメラを搭載している。さらに、高速性能を実現する高性能プロセッサーも搭載している。

In the new model smartphone, a triple-lens camera is mounted for high photo quality. A powerful processor is also mounted for fast performance.　…✕

1文目の主語がわかりにくく、「スマートフォン」と「カメラ」のいずれを主語にすればよいか迷います。2文目の主語も省略されています。いずれの文でも、英文では「スマートフォン」に主語を整えます。

[能動態にリライト] The new model smartphone features a triple-lens camera for high photo quality. The smartphone also has a powerful processor for fast performance.

(b) 和文が受動態

例2：調査によると、スマートフォンによってソーシャルメディア中毒が助長されることが示された。

According to the investigation, it was shown that social media addiction was accelerated by smartphones.　…✕

「示された」や「助長される」という受動態を、英文では無生物の主語を活用して能動態に変更できます。

[能動態にリライト] The investigation shows that smartphones accelerate social media addiction.

さらに現在形で表現することで、調査の結果に普遍性を持たせています。普遍性を持たせたくない場合には、助動詞を入れることで調整できます。The investigation shows that smartphones can accelerate social media addiction.

(c) 和文が客観的で英文の主語が決めにくい

例3：適切なサポートなしにはスマートフォン依存症は克服できない。

Smartphone addiction cannot be overcome without proper support.　…△

発想を変えて文構造を変更すれば能動態にできます。

能動態にリライト▶ Overcoming smartphone addiction requires proper support.

(d) 和文に難しい漢字が使われる

例4：我々はスマートフォン用の高性能チップの開発に従事しています。
　　　We are engaged in the development of high-performance chips
　　　for smartphones.　⋯△

「開発に従事」をare engaged inとせず、「開発している」と簡素化して表現すれば受動態を避けられます。

能動態にリライト▶ We develop high-performance chips for smartphones.

このように、元の和文の特徴から、和文を元に英文を作成すると受動態が増えてしまいがちであることを認識しておくことが大切です。

昨今、精度が高まっている機械翻訳を使ってみたところ、上記と同様に和文の特徴を引き継いだ、受動態を使った翻訳結果が例1、3、4に出力されました。例2は能動態を使った簡潔な英訳が出力されました。機械翻訳の良いところを活かしながら、意識的に能動態を使うように心がけましょう。

例1：The new model smartphone is equipped with a high-quality
　　　triple-lens camera. It is also equipped with a high-performance
　　　processor that achieves high-speed performance.
　　　（Google翻訳 2024年1月）
例2：Research has shown that smartphones foster social media
　　　addiction.　（Google翻訳 2024年1月）
例3：Without proper support, smartphone addiction cannot be
　　　overcome.　（DeepL翻訳 2024年1月）
例4：We are engaged in the development of high-performance chips
　　　for smartphones.　（DeepL翻訳 2024年1月）

■ 能動態を増やす方法

能動態を増やす3つの方法を紹介します。

（a）無生物主語を活用する

　能動態を増やす場合に人を主語にしなくてはならないと考える人がいるかもしれませんが、そうではありません。技術文書の英文では、物を主語にするのが通例です。物や現象といった無生物主語を活用し、能動態で表現するよう心がけましょう。

　例：分析の結果、溶液には水銀が含まれることがわかった。

　　　As a result of analysis, it was found that mercury was contained in the solution.　⋯✕

　As a result of analysis, we found that…と変更するのではなく、無生物のanalysisを主語にして受動態を解消します。that節の中も能動態に変更します。合わせて時制も現在形に変更してもよいでしょう（p.143「時制」参照）。

`能動態にリライト` Analysis reveals that the solution contains mercury.

（b）動作主byが出てくる受動態は態を単純変換する

　和文に対応させて英文にすると受動態になってしまう場合に、動作主のbyがある場合には、そのまま態を変換します。能動態を基本とする英語の世界では、動作主がわかっているのに受動態で表現することはまれで、by以下が目立ってしまいます。主語をそろえたい複数の文が並んでいるといった特定の状況を除き、態を変換しましょう。

　例：日本沿岸がマグニチュード7.5の地震に見舞われた。

　　　The coast of Japan was hit by an earthquake with a magnitude of 7.5.　⋯△

`能動態にリライト` An earthquake with a magnitude of 7.5 hit the coast of Japan.

（c）自動詞を活用する

　例：カラー印刷では、3原色を混ぜてさまざまな色合いを作り出す。

　　　In color printing, the three primary colors are mixed to create a wide range of shades and colors.　⋯△

　自動詞と他動詞の両方の用法がある動詞mixを自動詞で使えば能動態に変更できます。

`能動態にリライト` In color printing, the three primary colors mix to create a

wide range of shades and colors.
または
Color printing uses the three primary colors that mix to create a wide range of shades and colors.

■ 受動態が必要な場合

　英文技術文書では、動作主を「もの」とした能動態で書けない場合、動作主を「人」とした能動態よりも、主語を「もの」とした受動態が必要な場合があります。次に示すような場合に受動態で書きます。

(a) 動作主よりも動作を受けるものに関心があり、動作主を示す必要がない場合

　　例：A small sample of a liquid was placed in a dish.
　　　　（少量の液体サンプルを皿に入れた。）

(b) 動作主が不明または表現困難な場合

　　例：The gate is made of metal and painted black.
　　　　（門は鉄製で黒塗りである。）

(c) 動作主が漠然とした一般の人の場合

　　例：Blue LEDs are used in many forms of lighting.
　　　　（青色LEDは多くの照明に使用されている。）

(d) 動作を受ける1つのものに関する文が複数連続し、動作主よりも動作を受けるものを主語にするほうが全体としてわかりやすい場合

　　例：The particulate matter is first oxidized by active oxygen. The particulate matter is then entirely oxidized by the surrounding excess oxygen.
　　　　（活性酸素によってまず粒子状物質が酸化される。次に、周囲の過剰酸素によって粒子状物質が完全に酸化される。）

（e） **動作主をあえて隠したい場合**

例：Incorrect data was input into the database.
　　（間違ったデータがデータベースに入力されてしまった。）

（2） ライティング練習問題

　　できるだけ能動態を使って、次の和文の内容を英語で書いてみましょう。

(a) 価格にはすべて消費税が含まれている。
　　〈価格＝price、消費税＝sales tax〉
　答［　　　　　　　　　　　　　　　　　　　　　　　　　　　　　　　　］

(b) 最近の車はフロントエアバッグとサイドエアバッグの両方が装
　　備されていることが多い。
　　〈最近の車＝modern car、エアバッグ＝airbag〉
　答［　　　　　　　　　　　　　　　　　　　　　　　　　　　　　　　　］

(c) 製造工程の簡素化によって製品コストが削減できる。
　　〈製造工程＝manufacturing process、製品コスト＝product cost、削減
　　する＝reduce〉
　答［　　　　　　　　　　　　　　　　　　　　　　　　　　　　　　　　］

(d) 酸性雨は、雨水に含まれる水と酸素が化学物質（二酸化硫黄や
　　窒素酸化物）と混ざり合うことで生じる。
　　〈酸性雨＝acid rain、雨水＝rainwater、水と酸素＝water and oxygen、
　　二酸化硫黄＝sulfur dioxide、窒素酸化物＝nitrogen oxide〉
　答［　　　　　　　　　　　　　　　　　　　　　　　　　　　　　　　　］

(e) 財務監査の結果、会計記録に重大な誤りが見つかった。
　　〈財務監査＝financial audit、会計記録＝accounting record、見つかる＝

identify〉
　答［　　　　　　　　　　　　　　　　　　　　　　　　　　　　　　　］

解 答

(a)　All prices include sales tax.

解説　「含まれている」という和文に引きずられてSales tax is included in all prices.のような受動態にせずに能動態で表現しましょう。「価格（price）」は個々の値を指すために複数形とします。

(b)　Most modern cars have both front and side airbags.
　　　または
　　　Most modern cars feature both front and side airbags.

解説　「装備されている」という和文に引きずられてMost modern cars are equipped with both front and side airbags.とするよりも、平易な動詞を使った能動態の使用をすすめます。「装備」という和文から車の特徴として強調したい場合には動詞featureが使えます。受動態の熟語表現を避けてできるだけ動詞1語で表現しましょう。

(c)　Simplifying the manufacturing processes can reduce the product cost.
　　　または
　　　Simpler manufacturing processes can reduce the product cost.

解説　主語に「簡素化すること」という動作または「より簡素な工程」という無生物主語を使って能動態で表現します。The product cost is reduced by simplification of the manufacturing processes.のような複雑な文にならないように気をつけましょう。「製品コスト」はthe product costまたはthe product costsが可能です。前者の場合に製品全体のコスト、後者の場合には製品に係る材料や人件費など複数種類のコストに言及しています。

(d)　Acid rain forms when water and oxygen in rainwater mix with chemicals such as sulfur dioxide and nitrogen oxides.

解説 動詞formとmixには自動詞と他動詞の両方の用法があります。自動詞として使うことで「酸性雨」という現象を能動態で自然に描写することができます。Acid rain is formed by water and oxygen in rainwater that are mixed with chemicals such as sulfur dioxide and nitrogen oxides.は、2箇所に受動態が生じるので避けます。

(e)　The financial audit has identified significant mistakes in the accounting records.

解説 「見つかった」という日本語に引きずられてAs a result of our comprehensive financial audit, significant mistakes in the accounting records have been identified.という受動態にせず、無生物主語を使った能動態で表現しましょう。

能動態と受動態の**POINT**

- 能動態を使うと明確で簡潔に書ける。受動態が必要な理由がある場合を除いて能動態を使う。
- 「もの」を動作主とした能動態で書く工夫をする。

受動態をどのくらい使うのが適切か

受動態を減らす

　Clear & Conciseのテクニックとして、能動態の使用をすすめています（第1章 p.42「Clear & Conciseのテクニック」参照）。しかし、能動態の使用をすすめると、技術文書は「もの」について書くのだから、能動態で書くのは難しいとの声を聞くことがあります。

　受動態には、動作主を表さなくてよいという利点や客観性が増すという利点がありますので、受動態が悪いというわけではありません。しかし、能動態を基本とした言葉である英語で受動態が増えると、文書が読みづらくなることは確かです。そこで、和文を元に英文を書いて受動態が増えてしまった場合に（p.156「受動態が増えてしまう原因」参照）、必要に応じてリライトし、最終的に受動態を減らします。機械翻訳からのリライトの例を紹介します。

受動態を減らすためのリライト過程

　半導体の製造工程の1つである「フォトリソグラフィ」についての説明文を試しに機械翻訳で翻訳してみましょう。

　　フォトリソグラフィを通じて、1枚のウェハ表面に複雑な回路パターンを形成することができる。まず、フォトレジストと呼ばれる感光性材料でウェハをコーティングし、所望のパターンを含むマスクを介してウェハに高波長紫外光を照射する。露光されたフォトレジストが化学変化によって選択的に除去されることで、パターン化した層が残る。その後のエッチングや蒸着などの処理工程により、保護層が形成される。

〈第1ドラフト〉

Through photolithography, complex circuit patterns **can be formed**[1] on the surface of a single wafer. First, a wafer **is coated**[2] with a photosensitive material called photoresist, and then high-wavelength ultraviolet light **is irradiated**[3] onto the wafer through a mask containing the desired pattern. The exposed photoresist **is selectively removed by chemical change**[4], leaving behind a patterned layer. A protective layer **is formed through subsequent processing steps**[5] such as etching and vapor deposition.

Google翻訳で英語に翻訳すると、5箇所が受動態になりました。

〈第2ドラフト〉

Photolithography **allows**[1] the formation of complex circuit patterns on a single wafer surface. The wafer **is coated**[2] with a photosensitive material called a photoresist, **followed by exposure**[3] to high wavelength ultraviolet light through a mask with a desired pattern. This exposure chemically **changes the photoresist for its selective removal**[4], leaving a patterned layer. The patterned layer subsequently **undergoes processes such as etching and deposition to form**[5] a protective layer.

第2ドラフトとして、受動態を減らせないかを検討しました。
①、③、④、⑤は表現を工夫することで受動態の使用を避けることができ、受動態の使用が②1箇所に減りました。

①はphotolithographyを主語にすることで受動態を避けました。
②は、動作主が不要な文脈と判断して受動態を残しました。
③は、文末の過去分詞による分詞構文を使い、次の工程を流れよく加えました。
④は前の文章に出てきたexposureという情報を主語にすることで能動態に変更しました。
⑤は直前のpatterned layerを主語に使い、便利な動詞undergo（〜を経る）

を使うことで能動態に変更しました。「保護膜が形成される」はto不定詞を使って能動的に表現しました。

第2ドラフトで受動態を減らした結果、明確で簡潔な英文となりました。また、受動態が続き、単調だった英文にダイナミックな動きが現れました。

4回に1回の割合で受動態を

技術英語の解説書である*Technical Writing and Professional Communication for Nonnative Speakers of English*に、「優れた技術系英文ライターは、必要な場合にだけ受動態を使う。必要な場合とは、4回に1回くらいである」*と書かれています。

「必要な場合」とは、p.160に挙げた「受動態が必要な場合」です。文脈によっては、4回のうち、4回すべてに受動態が必要な場合もあるでしょう。文書全体で平均して、受動態を4回に1回くらいに抑えることを目安にして書くと読みやすくなります。

前ページの第2ドラフトでは、③の過去分詞を省くと、4回に1回の割合で受動態を使いました。このくらいだと、読みやすいと思います。

---

* "Good technical and scientific writers use passive sentences only when the occasion calls for them, which is about one-fourth of the time. You should try to do likewise." Thomas N. Huckin and Leslie A. Olsen, *Technical Writing and Professional Communication for Nonnative Speakers of English*, McGraw-Hill, Inc., 1991, p.667.

第3章

ライティングの英文法II

本章では、技術文書の英文をCorrect，Clear，Conciseに書くという観点から、次の文法項目を説明します。

- **助動詞**
- **前置詞**
- **to不定詞と動名詞**
- **現在分詞と過去分詞**
- **比較**
- **関係代名詞と関係副詞**

本章を精読することで、幅広い表現力を身に付け、各文法項目を技術文書の英文ライティングで効果的に使うことができるようになるでしょう。第2章と同様に、各節にライティングの練習問題を設けています。実際に英文を書く練習をすることにより、ライティングに必要な英文法の習得を目指します。

正しく使うのが難しいと思われがちな「助動詞」から、学習を開始しましょう。

1. 助動詞

（1）助動詞で伝える「書き手の考え」

■助動詞とは「考え」を伝える言葉

　助動詞は、動詞が表す内容を「現実や事実」としてではなく、「できる、してもよい、そうだろう、そうなり得る、そうかもしれない、そうするべきだ、そうに違いない」といった「**書き手の考え**」として伝えます。

　助動詞は動詞の前に挿入します。後ろに続く動詞は原形とします。

　まず、助動詞を使わない英文を見てみましょう。

In programming, a single error necessitates a complete code review.

　この英文は、「プログラミングに1つでもミスがあると（原因）、全体のコードレビューが必要になる（結果）」という事実を表しています。助動詞を使わない英文では、原因と結果が直接的に結び付きます。

　次に、助動詞を使った英文を見てみましょう。

In programming, a single error can necessitate a complete code review.

　助動詞を使った英文は、「プログラミングに1つでもミスがあると（原因）、全体のコードレビューが必要になり得る（結果）」と書き手が考えていることを伝えています。

　助動詞canを使った場合、原因に対して、「結果が起こる可能性がある」ことを伝えます。助動詞を使うことで、動詞が表す「事実」に書き手の

「考え」が加わります。can以外にも、mayで「低い可能性がある」、willで「高い可能性がある」を表すことができます。なお、技術文書で最もよく使う時制は、動詞が表す内容を事実として言い切る「現在形」ですので、必要な場合にだけ助動詞を使うようにしましょう。

■ 助動詞の強さとニュアンスの違い

各助動詞にはそれぞれ異なるニュアンスがあり、単純比較することはできませんが、ここでは便宜上、各助動詞を強弱の順に並べ、例文を交えて、ニュアンスの違いを説明します（各助動詞について、p.172「各助動詞の様々な側面」で詳しく説明しています）。助動詞には「確信の度合い（〜だろう）」と「義務（〜すべきである）」の2つの側面があり、1つの助動詞が両側面の意味へと広がります。

〈書き手の「確信の度合い（〜だろう）」を伝える助動詞〉

確信の度合いを伝える助動詞
「紫外線は、皮膚に深刻なダメージを与える。」
Ultraviolet rays **must** seriously damage the skin.
Ultraviolet rays **will** seriously damage the skin.
Ultraviolet rays **should** seriously damage the skin.
Ultraviolet rays **can** seriously damage the skin.
Ultraviolet rays **may** seriously damage the skin.

● 各助動詞の強さ

確信の度合いが強い　　　　　　　　　　　　　　　確信の度合いが弱い

| must | will | should | can | may |

● 各助動詞のニュアンス
must：「当然そうだろう」という必然性に基づいた確信。

will：「そうである」と書き手が信じて疑わない確信。

should：mustと同様、必然性に基づいた確信を伝えるが、確信の度合いはmustよりはるかに弱い。

can：起こる可能性が少しでもあること。

may：起こるかどうかがわからないこと。

〈書き手が課す「義務（～すべきである）」を伝える助動詞〉

> 義務を伝える助動詞
>
> 「委託を受けた業者は、個人情報を不正アクセスから保護するものとする。」
>
> The entrusted parties **shall** protect personal information from unauthorized access.
>
> The entrusted parties **must** protect personal information from unauthorized access.
>
> The entrusted parties **should** protect personal information from unauthorized access.

● 各助動詞の強さ

課す義務が強い　　　　　　　　　　　　　　　　　　　課す義務が弱い

shall/must　　　　　　　　　　　　　　　　　　　　　should

● 各助動詞のニュアンス

shall：「強制的で強い拘束力による」義務。規則を定めた契約書や仕様書などに使用する。

must：shallと同等の強い義務。「そうすることが適切あるいは当然なのでそうするべき」という必要性や必然性に基づく義務。

should：mustよりもはるかに弱い義務。「（道徳的判断や状況から）～であるのが正しい」を意味する。

なお、「義務を伝える助動詞」にさらにhad betterを加えれば、**課す
義務が強い順から shall/must → had better → should**となります。

　had betterは、そうしなかった場合に好ましくない結果となることを
暗示し、shouldと比べて読み手に強く響き、「命令的」な印象を与えます。

（2）各助動詞の様々な側面

■四大助動詞の基本の意味

　代表的な助動詞can, may, will, mustには次の基本の意味があり、
文脈に応じて複数の意味へと広がると考えることができます。

	基本の意味	意味の広がり
can	**可能**（〜することが可能である、〜が起こる可能性がある）	能力／可能性／許可
may	**許容**（〜してもかまわない）	許可／可能性
will	**意志**（絶対に〜する、〜がまちがいなく起こるだろう）	意志未来／推定／習性
must	**必然性**（絶対に〜しなければならない、〜でなくてはおかしい）	義務／確信のある推定

■文脈によって広がる意味

　助動詞が持つ基本の意味が文脈によっていろいろな側面を見せる様子
を、例文で見ていきましょう。

〈can—可能〉

①The car can accommodate six persons.
　（この車は6人を収容できる。）
②A power surge can damage your equipment.
　（パワーサージによって機器が損傷する可能性がある。）
③Anyone who has a ticket can enter the hall.
　（チケットを持っている人は、ホールに入場できる。）

①では、「6人を収容する」＋可能で、「6人を収容できる」という**能力**の意味となります。

　②では、「機器が損傷する」＋可能で、「機器が損傷しかねない」という**可能性**の意味となります。

　③では、「入場する」＋可能で、「入場してもよい」という**許可**または「入場できる」という**能力**の意味になります。

　ただし、助動詞canは、「能力のcan」、「可能性のcan」のように、独立した複数の意味を持っているわけではありません。例えば①は、「能力」ではなく「可能性」と考えて、「収容する可能性がある」と理解しても本質的な意味は変わりません。

〈may—許容〉

①The original of the contract may be examined.
　（契約書の原本が閲覧可能となっている。）
②A primary cell may explode if recharged.
　（一次電池は充電すると破裂するおそれがある。）

　①では、「閲覧する」＋許容で、「閲覧してもよい」という**許可**の意味となります。

　②では、「破裂する」＋許容で、「破裂することもある」という**可能性**の意味となります。「可能性」を表すためにcanではなくmayを使っている理由は、「電池の破裂」という起こってはならない危険を伴う内容に対して、表す可能性が最も低いmayを使うのが適切であるためです。

　助動詞canと同様に、助動詞mayも「許可のmay」、「可能性のmay」のように、独立した複数の意味を持っているわけではなく、例えば①は、「許可」ではなく「可能性」と考えて、「閲覧される可能性がある」と理解しても本質的な意味は変わりません。

〈will—意志〉

①This finding will help develop high-speed video cameras.
（この知見は、高速ビデオカメラの開発に役立つと思われる。）
②An object that is less dense than water will float when placed in water.
（水より密度が小さい物体は、水に入れると浮く。）

①では「役立つ」＋意志で「役立つはずだ」という書き手の**未来への意志**を表します。

②では「浮く」＋意志で「浮くだろう」という**推定**や「浮くことになっている」という**習性**の意味となります。

〈must—必然性〉

①Applications must be postmarked by the deadline date.
（願書は、締切日までの消印が押されていなければならない。）
②The latest model car navigation system must be costly.
（最新モデルのカーナビは高価であろう。）

①では、「消印を押される」＋必然性で、「消印を押されるべきである」という**義務**の意味となります。

②では、「高価である」＋必然性で、「高価であるに違いない」という**確信のある推定**の意味となります。

■ shallとshould

次に、技術文書でのshallの使用方法とshouldの表す意味について説明します。

〈shall〉

技術文書の英文中の助動詞shallは、**主語に対する強い義務**を伝える文脈で使います（p.170「助動詞の強さとニュアンスの違い」参照）。特に、規

則を定めた契約書や仕様書などに使用します。

①The Non-Disclosure Agreement (NDA) shall be effective for five years from the date of signing.
（本秘密保持契約（NDA）は、署名から5年間有効であるものとする。）
②The photovoltaic (PV) panel manufacturer shall be responsible for all costs associated with installation.
（据付にかかる費用は、太陽光パネルメーカーの負担とする。）

shallは、一般的にはwillと同様の「意志未来や推定」を表すことができますが、意味解釈の混乱を避けるため、技術文書では意志未来や推定にはshallではなくwillを使うことをすすめます。

〈should〉

助動詞shouldの基本の意味は、**mustよりも弱い「必然性」**です（p.170「助動詞の強さとニュアンスの違い」参照）。mustの場合と同様に、「必然性」から**義務**や**推定**へと文脈に応じて意味が広がります。shouldが表す義務は弱く、「〜するのがよい」という**推奨**とも理解できます。

なお、助動詞shouldはshallの過去形ですが、実際に過去の意味はなく、shallとは別の助動詞として扱われます。

①The gardening tools should use corrosion-resistant materials to increase durability and longevity.
（園芸用具は、耐久性を高め、長持ちさせるために、耐腐食性の素材を使用するのがよい。）…**推奨**
②Automating customer service with AI should enhance response times and customer satisfaction.
（AIを使って顧客サービスを自動化すれば、応答速度が上がり、顧客満足度を高めることができるだろう。）…**推定**

■助動詞の過去形would，might，could

　次に、助動詞の過去形would，might，couldの使い方を説明します。

　助動詞の過去形（would，might，could）は、文脈に応じて、「もし～であれば」という**仮定を意識した表現**となったり、**低い可能性**を表したり、**丁寧で控えめな表現**となったりします。助動詞の過去形には仮定法の意味があります。

　例えば、次のように使います。

> 助動詞の過去形を使った仮定法の表現例：
> If the manufacturing processes were automated, the products would be less costly.
> （製造工程が自動化されれば、製品のコストが下がるだろう。）

　英語は日本語ほど複文構造（ifやwhenによる従属節を含んだ構造）を使わないことから、if節を使わずに助動詞の過去形を単独で使うことも少なくありません。その場合でも、助動詞の過去形には仮定法のニュアンスが残ります。「もし製造工程を自動化したならば」という仮定を意識した表現となります。

> 助動詞の過去形を単独で使った表現例：
> Through automated manufacturing processes, the products would be less costly.
> （自動化された製造工程では、製品のコストが下がるだろう。）
> Automating the manufacturing processes would lower the cost of the products.
> （製造工程を自動化したとしたら、製品のコストが下がるだろう。）

　助動詞mightやcouldを使った場合には、「製品のコストが下がるかもしれない」という意味になります。mightを使うとmayよりも低い可能性が表され、couldを使うとcanよりも低い可能性に加え、「そのようなことができたとしたら」という仮定の意味合いが強く表されます。

（3）ライティング練習問題

助動詞を複数検討し、次の和文の内容を英語で書いてみましょう。

(a) ソフトウェアに重要なアップデートがある場合、自動的に適用されるはずである。

〈アップデート＝update、自動的に＝automatically、適用する＝apply〉

答[   ]

(b) 全従業員がデータ保護に関する研修を年1度受講しなければならない。

〈従業員＝employee、データ保護＝data protection、研修＝training、年1度＝annual〉

答[   ]

(c) オンライン会議では、セキュリティー強化のためにパスコードを設定することもできる。

〈オンライン会議＝web meeting、セキュリティー＝security、パスコード＝passcode〉

答[   ]

(d) 電池の取り扱いを誤ると、液漏れしたり爆発したりするおそれがあります。

〈電池＝battery、取り扱う＝handle、液漏れする＝leak、爆発する＝explode〉

答[   ]

(e) 背の高い家具は、転倒を防ぐために壁に固定するのがよい。

〈背の高い家具＝tall furniture、固定する＝anchor、転倒する＝tip over、壁＝wall〉

答[   ]

(a) The software will automatically apply any critical updates.
または

The software should automatically apply any critical updates.

解説 助動詞は、絶対に起こることが表されるwill、起こるにちがいないことが表されるshouldが代表例として使用できます。ほかにも、同じく「起こるにちがいない」ことが表され、主観が強いmustや「起こり得る可能性が確実にある」ことが示されるcanも使用できます。「重要なアップデートがある場合」はWhen critical updates are available,とすることも可能ですが、any critical updatesとすれば簡潔に表現できます。

(b) All employees shall receive annual training on data protection.
または

All employees must receive annual training on data protection.

解説 「しなければならない」に、書き言葉において強い義務を表すshallを使用します。例えば就業規則といった正式な文書であれば法律文書で使用されるshallが適切です。一般技術文書では、must（強い義務）を使用できます。助動詞を使わず、動詞require（要する）を使って、All employees are required to receive…と表現することも可能です。

(c) Web meetings can require passcodes for enhanced security.
または

Web meetings may use passcodes for enhanced security.

解説 「設定することもできる」には助動詞canまたはmayが使えます。助動詞canでは、オンライン会議の機能としてパスコード設定が存在していることが表され、mayでは、パスコード設定をしてもしなくてもよいことが表されます。

なお、2024年1月時点において、オンライン会議の大手Zoomの説明文「Managing Zoom Meetings passcodes（Zoomミーティングのパスコード管理)」には、次の表現が見られます。

Meetings **can** require passcodes for an added layer of security. Passcodes **can** be set at the individual meeting level or can be enabled at the user, group, or account level for all meetings. This **will** require participants to enter a passcode before they join a meeting.

(https://support.zoom.com/hc/en/article?id=zm_kb&sysparm_article=KB0063160)
(2024年1月閲覧、助動詞の太字は筆者追加)

助動詞の使い方だけでなく、文構造や使用している動詞も見習うことができます。

(d) Batteries may leak or explode if handled improperly.

解説 「おそれがある」にはmayを使うのが適切です。可能性を表すもう1つの助動詞canを使うこともできますが、mayだと「可能性があるかないか不明」、canだと「可能性が少しでもある」ことが表されます。自社の製品の取り扱いに関する説明では、mayを使っておくことで、危険な事象が発生する可能性について明示せずに表せます。

(e) Tall furniture should be anchored to the wall to prevent it from tipping over.

解説 推奨事項に助動詞shouldを使います。他の助動詞はmayやmustの可能性があります。mayは「〜してもよい」、mustは「〜すべきだ」を表します。furniture（家具）は不可算名詞です。数えたい場合には、Tall pieces of furnitureとし、to prevent them from tipping overとすることができます。

助動詞の**POINT**

- 助動詞で「書き手の考え」を伝える。
- 各助動詞の基本の意味を正しく理解し、適切な助動詞を選択する。
- 必要な場合にだけ助動詞を使う。

could＝「〜できた」に注意

「〜できた」と「could」のニュアンスのずれ

「〜できた」という和文に対して助動詞couldが一番に思い浮かぶかもしれません。しかし、「〜できた」に対してcouldが使えるかどうかを注意深く検討する必要があります。

助動詞の過去形は、仮定法のニュアンスを残しています（p.176「助動詞の過去形would, might, could」参照）。したがって、couldの意味をよく理解して使わないと、書き手が意図した意味と読み手の理解がずれてしまうことがあります。

例えば、「弊社は、超高速ビデオカメラを開発することができた」を英語で書く場合、和文の「できた」に助動詞couldを使って次のように表現したとします。

> Our company could develop an ultrahigh speed video camera.

書き手が伝えたい内容は、「超高速ビデオカメラを開発することができた」です。

一方、この英文を読んだ人は、couldをcanよりも低い可能性を表すと理解して、「超高速ビデオカメラを開発する（低い）可能性がある」と読むかもしれません。また、couldを「〜する能力があったが実際にしたかどうかはわからない」と理解して、「超高速ビデオカメラを開発することができる能力があった。そして、開発したかどうかはわからない」や「開発できなかった」と読むかもしれません。

これでは、書き手が伝えようとした「超高速ビデオカメラを開発することができた」というすばらしい事実を読み手に正しく伝えることができません。

「〜できた」の表現方法

　和文の「〜できた」を英語で適切に表現するには、例えば、次の2つの方法があります。いずれも助動詞couldを使わない表現です。

①動詞の過去形で単に事実を述べる

　助動詞を使わず、動詞の過去形で単純に事実を述べます。つまり、前ページの例の場合、次のように書きます。

Our company developed an ultrahigh speed video camera.

　この場合、読み手は単に事実を与えられます。そして、an ultrahigh speed video cameraを開発したことはすばらしい事実だ、と判断するでしょう。つまり、書き手の意図した「超高速ビデオカメラを開発することが<u>できた</u>」という意味が正しく伝わります。

②動詞の過去形で述べる事実に、「successfully（成功裏に）」のような修飾語を加える

　「〜できた」を表すのに、単に事実を述べるだけでは物足りないと感じる場合、successfully（成功裏に）のような修飾語を加えるとよいでしょう。つまり、前ページの例の場合、次のように書きます。

Our company successfully developed an ultrahigh speed video camera.

　この場合、書き手が意図した「開発することが<u>できた</u>」という意味が正しく、かつ明確に伝わります。

　このように、助動詞couldは和文の「〜できた」に対して気軽に使ってしまわないように注意が必要です。過去の意味を表す助動詞couldは、「〜する能力があった」ことだけを表し、「〜した」という事実までを積極的に表すものではないことに注意し、文脈に応じて適切な表現を考えるようにしましょう。

2. 前置詞

（1）各前置詞の基本イメージ

■ 前置詞の役割

　前置詞は、名詞または代名詞の前に置き、その名詞と他の語との**関係を読み手に「イメージ」させる**役割を果たします（p.194 スキルアップコラム「関係を明快にイメージさせる前置詞の役割」参照）。

　そこで、各前置詞の「基本イメージ」や「基本の意味」をまずは書き手が正しく理解することが大切です。次の表を参考にして、前置詞の「基本イメージ」や「基本の意味」を整理しましょう。

位置関係や時間関係を表す3大前置詞

前置詞	基本イメージ	基本の意味
at		場所や時の一点
in		広い場所や立体の中、幅広い時間、行為に要する時間
on		接触している状態

位置関係や時間関係を表す主な前置詞

前置詞	基本イメージ	基本の意味
from		起点
to		到達点を含む方向、到達点
for		到達点を含まない方向、動作が継続する期間
toward		到達の直前までの方向
over		真上の一帯
under		真下の一帯
above		基準よりも上の一点
below		基準よりも下の一点
across		端から端まで
between		個々の事象同士の間
among		複数の事象の中
through		通過して
into		外から中へ向かう

out of		中から外へ向かう
during		期間中（ずっと、または一部）
before		その時点を含まない前
after		その時点を含まない後
until		継続や反復の終了時点
in front of		前
behind		後ろ

様々な関係を表す主な前置詞

前置詞	基本イメージ	基本の意味
of		所属や所有・属性 （元の意味は「分離している」）
with		所有（～を持っている）、 道具・材料（～を使って） with+名詞+分詞で「付帯状況」を表す
by		手段（～により）、動作主（～により） 期限（～までに）、差異（～の分だけ） （元の意味は「近接している」）

（2）前置詞が表す様々な関係

　前置詞を使って様々な関係を表すことができます。空間的な関係、時間的な関係、性質や状態との関係、「～でできている」を表すofとfrom、「～により」を表すby、に分けて説明します。

■空間的な関係

(a)　Integrated circuits (ICs) are mounted <u>on</u> a printed circuit board (PCB).

（プリント基板（PCB）に集積回路（IC）が搭載される。）

解説 集積回路と回路基板が接触している状態をonを使って表します。

(b)　ICs are mounted <u>at</u> specific positions on a printed circuit board, <u>with</u> their pins soldered <u>to</u> the copper traces <u>on</u> the board.

（ICは、ピンが基板上の銅線に半田づけされることにより、プリント基板の特定の位置に実装される。）

解説 「特定の位置」を狭い場所ととらえてatを使います。「ピンが半田づけされることによって」には付帯状況のwithを使います。付帯状況のwithは「with+名詞+分詞（現在分詞・過去分詞）」という形で使います。到達を表すtoで「銅線（copper traces）」に半田づけされる様子を表します。

(c)　The ICs are <u>among</u> various other components on the PCB.

（プリント基板上にはIC以外にも他の各種部品がある。）

解説 他にも複数の部品が存在し、それらの間にICが存在していることが表されます。amongは3つ以上の物の中に存在することを表します。

(d)　The PCB <u>with</u> the ICs then undergoes controlled heating <u>in</u> a reflow oven.

（その後、ICを搭載したプリント基板をリフロー炉に入れて、制御しながら加熱する。）

解説 「リフロー炉」を広い空間ととらえてinを使います。「炉を使って」の場合はwithも可能です。「ICを搭載した」は「有する」を表すwithを使います。

(e) The solder paste melts and solidifies, forming electrical connections <u>between</u> the terminals of the ICs and the PCB.
（半田ペーストが溶けて固化することにより、ICの端子とプリント基板間が電気的に接続される。）
解説 ICの端子とPCBという2者間の関係を表すためbetweenを使います。端子の数が3以上であっても、各端子とPCBとの関係に着目するためbetweenを使います。

■ 時間的な関係

(a) The network will perform automatic updates <u>at</u> 2 a.m.
（ネットワークは午前2時に自動更新を実行する。）
解説 時刻にatを使います。

(b) The updates may last <u>for</u> more than 45 minutes and mostly be complete <u>in</u> about 1 hour.
（アップデートは45分以上続く可能性があり、1時間ほどで完了することがほとんどである。）
解説 継続する時間にfor、行為に要する時間にinを使います。in about 1 hourのほかにはwithin about 1 hourとすることも可能で、inを使うと1時間後が表されますが、withinだと1時間内のいつかの意味になります。

(c) The updates can last <u>until</u> 6:00 a.m. but are expected to be complete <u>by</u> 8:00 a.m. at the latest.
（アップデートは午前6時まで続くこともあるが、遅くとも午前8時までには完了する。）
解説 継続する行為の終着点を表すuntilと期限を表すbyを使います。byは「～までに～する」という期限、untilは「～まで継続的に行為が続く」ことを表します。

(d) During these updates, keep your computer in operation and never turn it off.
（アップデート中はコンピュータの動作を保ち、電源を切らないでください。）

解説 duringを使って「期間中ずっと」を表します。「動作を保つ」はin operationと表現します。

■ 性質や状態との関係

(a) Heat the ceramic at 400 ℃ for initial curing and then increase the temperature to 800 ℃ for final sintering.
（初期硬化のためにセラミックを400℃で加熱し、その後、最終焼結のために800℃まで温度を上げてください。）

解説 一定の温度に保つ場合にatを使用し、温度に到達させる場合にtoを使います。何かに向かう方向性にforを使います。「初期硬化」と「最終焼結」を目的として加熱することを表しています。

(b) The boiling point of water is 100 ℃ at ordinary pressure.
（水の沸点は、常圧で100℃である。）

解説 「常圧で」といった条件を表す際にatを使います。または、pressure（圧力）には、「上から何かを押し付ける」という意味が表せるunder ordinary pressureも可能です。

(c) The experiment was conducted in a vacuum. または
The experiment was conducted under vacuum.
（実験は真空中で行われた。）

解説 vacuum（真空）には可算と不可算の両方がありますが、可算とした場合に真空という環境の中に配置するためinを使います。不可算とした場合に真空という条件下に置くためunderを使います。

(d) The materials were joined in an inert environment.
（材料同士を不活性環境下で接合した。）

解説 inert environment（不活性環境）は1種類の環境ですので可算と

します。空間への配置を表すinを使います。

■「〜でできている」を表すofとfrom

　前置詞of、fromを使って、「〜でできている」を表すことができます。「AはBでできている」をA is made（前置詞）B.と書く場合、A＝Bの場合は、分離したが性質が変わらずイコールを表せる前置詞ofを使います。A≠Bの場合は、基点を表すfromを使ってA is made from B.と表現します。

(a)　The building is made <u>of</u> brick.

　　（建物はレンガでできている。）

　解説　ofを使って材料の性質に変化がないことを表します。「建物＝レンガ」を表します。

基準点を含むか、含まないか

　前置詞で時や範囲を表す場合、基準となる点を各前置詞が含むかどうかについて、知っておくとよいでしょう。

beforeとafter

　beforeとafterは、その時点を含まない表現です。その時点を含ませるためには、at or beforeやat or afterのように前置詞を重ねて表現します。

from A to B

　from A to B（AからBまで）は、通常AとBを含むと考えられますが、含むことを明示したい場合には、from A to B inclusive（AとBを含んでAからBまで）と表現できます。逆にAとBを含まない表現にしたい場合には、from A to B exclusive（AとBを含めないでAからBまで）とできます。

between A and B

　between A and Bは、通常AとBを含むと考えられますが、文脈によっては含まないと考える場合もあります。明確にAとBを含ませたい場合には、between A and Bではなくfrom A to Bを使います。さらに厳密にAとBを含ませたい場合には、from A to B inclusiveと表現します。

(b)　The paper is made <u>from</u> bleached wood pulp.
　　（この紙は漂白した木材パルプでできている。）

解説 fromを使って、「〜から作られる」を表します。fromは単に起点を表し、材料の性質に変化があることを暗示します。つまり、「紙≠木材パルプ」を暗示します。この場合にA is made of B.を使うと誤りとなるので注意が必要です。

■「〜により」を表すby

　「〜により」を意味するbyは、「動作主」または「手段」のbyです。動作主のbyは、受動態（〜は、〜によって〜される）の文で動作主を表すのに使われるものです。「手段」のbyは、「〜は、〜によって〜する（能動態）」または「〜は、〜によって〜される（受動態）」という文脈で、「手段」や「行為」を表す名詞や動名詞の前に置いて使います。

byとuntil

　「〜までに」のbyは行為の期限を表します。untilは「〜まで」の意味で、行為がそこまで継続することを表します。byとuntilについては、その時点を含むかどうかは、byが「期限」、untilが「継続した行為の終着点」であることから、byはその時点を含み、untilのほうはその時点を含むものの、その時点を突き通す概念ではないと考えることができます。つまり、byはその時点中が期限となり、untilはその時点に到達した時点で行為が終了します。例えば「納期」を表す「Due by April 1（4月1日納期）」であれば、4月1日中がその仕事の期限となります。4月1日の何時何分が期限かについては、例えば提出先の業務終了時刻である17時など、相手との取り決めに従います。untilは、例えば「従業員は17時まで働く」を表す「Employees work until 17:00.」という場合には、17時に到達した時点で従業員は仕事を終えることができます。つまり、17時0分59秒まで退勤を待つ必要はありません。untilを使う文脈で「その時点」が問題になることは少ないものの、例えば、「The shop is closed until Friday.（当店は金曜まで休業しています。）」という標識があった場合などには注意が必要です。金曜日中ずっと閉まっているわけではなく、金曜に到達したらお店が開く可能性があることを意味しますので、金曜の開店時間の例えば朝10時にはお店が開くことになります。このように解釈が難しいuntilは、厳密な「契約書」の世界では、「4月1日まで〜する」であれば、until <u>and including</u> April 1（4月1日まで<u>および4月1日を含む</u>）のように表現を重ねることで誤解をなくすのが通例です。

「～により」を表すbyは誤りやすいので、「動作主」か「手段」どちらで使っているかを把握した上で、正しく使えるようにするのが得策です。動作主のbyの場合には、態の変換が上手くできるかを判断します。手段のbyの場合には、byの後ろに手段や行為が配置されているか（物や道具でないか）、そして主語と動詞、byの部分との関係が正しいかどうかを確認します。

(a) Online scams work by sending fake emails.
（オンライン詐欺は、偽メールを送りつけることで行われる。）
解説 能動態のため、動作主のbyではなく、「手段のby」であるとわかります。手段のbyは後ろに手段や行為が必要ですが、sendingは動作であるため、正しく使えています。さらには、「オンライン詐欺」が「送りつける」ことで「機能する（work）」という主語と動詞、byの部分との関係が正しく表現されています。

(b) The area was hit by a powerful thunderstorm, followed by a long power outage.
（地域が強い雷雨に見舞われ、その後に長い停電が生じた。）
解説 A powerful thunderstorm hit the area.（強い雷雨が地域を襲った）およびA long power outage followed a powerful thunderstorm.（長い停電が強い雷雨に続いた）という能動態への変換ができるので、「動作主のby」として正しく使われていることがわかります。

(c) The datasets for training were prepared by sampling and preprocessing data from various sources.
（学習用のデータセットは、様々なソースからのサンプリングと前処理により準備した。）
解説 「動作主」または「手段」のbyのいずれで使っているかを考えます。「動作主」のbyでは、Sampling and preprocessing data from various sources prepared the datasets for training.（様々なソースからのサンプリングと前処理が学習用データセットを準備した）という態の変換になります。「手段」のbyでは、We prepared the datasets for training by

sampling and preprocessing data from various sources.（様々なソースからデータをサンプリングし、前処理を行うことで学習用データセットを準備した。）という意味と理解できます。後者のほうが自然ですので、動作主のbyではなく、手段のbyであると理解します。The datasets for training were prepared through sampling and preprocessing of data from various sources.といった別の前置詞で「〜により」を表すことも可能です。

(d) The monitor was installed on the desk <u>with</u> a Phillips head screwdriver.
（プラスドライバーでモニターをデスクに取り付けた。）

解説 withは「〜を使って」を表します。「プラスドライバー」は「道具」ですのでwithやusingを使います。「動作主」や「手段」のbyを使って、The monitor was installed on the desk by a Phillips head screwdriver.と表現することはできません。受動態から能動態へ変換したA Phillips head screwdriver installed the monitor in the desk.では内容が不適切であることから、「動作主」のbyが使えないことがわかります。さらに、byの直後の名詞が「手段」や「行為」ではなく「道具」のため不適切であることから、「手段」のbyも使えないとわかります。

（3）ライティング練習問題

適切な前置詞を選択して、次の和文の内容を英語で書いてみましょう。選択した前置詞が正しい関係を表しているか確認しましょう。

(a) 集積回路とは、1枚の基板（通常シリコン製）に複数の電子部品が搭載されたものである。

〈集積回路＝integrated circuit、基板＝substrate、シリコン＝silicon、電子部品＝electronic component〉

答 [   ]

(b) 試験管の口にセロファンを付け、輪ゴムでとめてください。
〈試験管＝test tube、セロファン＝cellophane、輪ゴム＝rubber band〉
答 [   ]

(c) センサーにより、コンデンサの両端部の電圧を検出する。
〈センサー＝sensor、コンデンサ＝capacitor、端部＝terminal、電圧＝
voltage〉
答 [   ]

(d) 半田づけの不備といった欠陥がないか、プリント基板を検査する。
〈半田づけの不備＝inadequate soldering、欠陥＝defect、プリント基板＝
printed circuit board、検査する＝inspect〉
答 [   ]

(e) 界面活性剤は、水と油の間の表面張力を低下させて両者を混ざりやすくすることで機能する。
〈界面活性剤＝surfactant、表面張力＝surface tension、機能する＝
function〉
答 [   ]

解 答

(a) An integrated circuit is a set of electronic components on a single substrate (typically made of silicon).

解説 「搭載された」に接触を表すon、「シリコン製」にイコールを表すofを使います。

(b) Wrap a piece of cellophane over the mouth of the test tube and secure the cellophane piece with a rubber band.

解説 「口を覆う」に着目して前置詞overを使うことができます。over は「覆いかぶさる」から「接触する」までを含みます。「輪ゴムを使って」 を表す前置詞withを使います。

(c) The sensor detects the voltage between the two terminals of the
capacitor.
または
The sensor detects the voltage across the capacitor.

解説 「2つの端子の間」には2者間の関係を表す前置詞betweenを使い ます。「コンデンサの端から端まで」を表す前置詞acrossを使って短く 表現できます（p.194 スキルアップコラム「関係を明快にイメージさせる前置詞 の役割」参照）。

(d) The printed circuit board is inspected for any defects such as
inadequate soldering.

解説 方向性を表す前置詞forでinspected forとすることで、「欠陥がな いかどうか検査する」を表すことができます。

(e) Surfactants function by reducing the surface tension between
water and oils and enabling them to mix easily.

解説 手段のbyを使います。「水と油の間」には2者間の関係を表す betweenを使います。

前置詞の**POINT**

● 前置詞は名詞と他の単語との関係を読み手にイメージさせる。
● 各前置詞の基本の意味を正しく理解し、効果的な前置詞を選択する。

関係を明快にイメージさせる前置詞の役割

「～の電流」、「～の電圧」

次の問題を考えてください。

次の（　　）内には、どの前置詞が入るでしょうか。
The current（　　　）the capacitor is proportional to the derivative
of the voltage（　　　）the capacitor.
（①コンデンサの電流は、②コンデンサの電圧の微分値に比例する）

解答 | ①through、②across

関係を読み手にイメージさせる

「～の」を意味する前置詞ofを使わず、「電流」にthrough、「電圧」に
acrossを使う理由を考えてみましょう。理由を考えることによって、「関
係をイメージさせる」という前置詞の役割が理解しやすくなるでしょう。

なぜ電流にはthroughか

current（電流）とは電気の流れです。『大辞泉』には、電流＝「電気が
導体の中を流れる現象。電位の高いほうから低いほうへ流れる」と定義さ
れています。「流れ」は対象物を通過していくものです。そこで、「通過」
を表す前置詞throughを使うのです。

the current through the capacitor（コンデンサの電流）は、前置詞
throughによって、the current flowing through the capacitor（コンデンサ
を通って流れる電流）を意味しているのです。**前置詞throughによって、
読み手は、「電流がコンデンサを通過して流れている状態」を具体的にイ
メージすることができるのです。**

なぜ電圧にはacrossか

voltage（電圧）とは電位の差です。『大辞泉』には、電圧＝「二点間の電位の差」と定義されています。「電位の差」とは端子と端子の間の差です。したがって、「端から端」を表す前置詞acrossを使うのです。

the voltage across the capacitor（コンデンサの電圧）は、前置詞acrossによって、the voltage between the two terminals of the capacitor（コンデンサの両端の電圧）を意味しているのです。**前置詞acrossによって、読み手は、「コンデンサの端と端に電位の差（＝電圧）がある状態」を具体的にイメージすることができるのです。**

「～の」を表すofはどうか

「コンデンサの電流」と「コンデンサの電圧」に対して、「～の」を表す前置詞ofは使えないのでしょうか。前置詞ofは、所属や所有など、広範囲にわたる関係を表します。したがって、広義にはofを使っても間違いではないはずです。ところが、the current of the capacitor, the voltage of the capacitorのように前置詞ofが使われる頻度は、前置詞throughとacrossに比べるとかなり低くなっています。その理由は、前置詞ofが表す関係が広すぎるため、この文脈でofを使うと「コンデンサと電流」と「コンデンサと電圧」の関係を読み手が具体的にイメージできないためでしょう。

前置詞を効果的に使う

このように、前置詞throughとacrossによって、「電流」と「電圧」がどのような状態にあるのかを、読み手にありありとイメージさせることが可能になります。前置詞を正しく効果的に使えれば、様々な関係を読み手に具体的にイメージさせることができます。そのことにより、英文が明快でわかりやすくなります。

3. to不定詞と動名詞

（1）to不定詞

■ 未来を表すto不定詞

　to不定詞は、「**まだ起こっていない未来のこと**」、「**後に起こる可能性があること**」、つまり未来を表します。

　例えば、Elements are combined chemically with other elements <u>to form</u> compounds.（元素は他の元素と化学的に結合し化合物になる）では、form compounds（化合物になる）は、Elements are combined chemically with other elements（元素は他の元素と化学的に結合する）に対して後に起こる現象となります。

　前置詞toは、「到達点を含む方向、到達点」を表します（p.182「各前置詞の基本イメージ」参照）。つまり、to不定詞は、直後に配置している動詞が表す行為へ向かっていて、その行為に到達することを含意する、と理解するとよいでしょう。

■ to不定詞の3つの働き

　to不定詞は、英文中で次の3つのいずれかの役割を果たします。

- **名詞の役割**　　　「主語」、「目的語」、「補語」になります。「〜すること」を意味します。
- **形容詞の役割**　　名詞を修飾します。「〜するための」を意味します。
- **副詞の役割**　　　名詞以外の語句や文を修飾します。「〜するために（目的）」や「〜の結果〜である（結果）」を意味します。

　例文を見てみましょう。

(a)　The aim is <u>to reduce</u> environmental burdens.
　　（目的は環境負荷を下げることである。）
　　to不定詞の役割：名詞として補語になる。

(b)　The brain has the ability <u>to process</u> information.
　　（脳は情報を処理する能力がある。）
　　to不定詞の役割：形容詞として名詞abilityを修飾する。

(c)　Follow the steps below <u>to assemble</u> the plastic car.
　　（次のステップに従って、プラモデルを組み立ててください。）
　　to不定詞の役割：副詞として動詞followを修飾する。

（2）動名詞

■ 動名詞は名詞の働きをする動詞

　動名詞は、**動詞が名詞の働きをする**もので、動詞にingを付けて構成します。

　名詞の働きをする一方で、目的語を続けたり、副詞で修飾されたりと、**動詞としての性質も残しています**。

　動名詞は、to不定詞が名詞として働く場合と同様に、英文の主語、目的語、補語になります。動名詞はまた、前置詞の直後に置くこともできます。

　例文を見てみましょう。

(a)　<u>Burning</u> fossil fuels remains a major source of energy.
　　（化石燃料の燃焼は依然として主要なエネルギー源である。）
　　動名詞の役割：主語となる。

(b)　Users must avoid <u>turning</u> off the switch during operation.
　　（動作中にスイッチを切るのは避けるべきである。）
　　動名詞の役割：目的語となる。

(c) Threads are formed by <u>twisting</u> fibers.
（糸は繊維をより合わせて作られる。）
動名詞の役割：前置詞byの直後に置かれる。

■ to不定詞との違い

　to不定詞と動名詞の違いとして、to不定詞が「まだ起こっていない未来のこと」、「後に起こる可能性があること」のように未来を表すのに対して、**動名詞は、「今起こっていること」や「一般的に行われていること」を表します**。さらに、他動詞の後ろに目的語として置く場合、to不定詞が未来を表すのに対して、**動名詞は、他動詞の意味に応じて様々な「時」を表します**。

　先の例文を使って確認します。

---

①Burning fossil fuels remains a major source of energy.
　（化石燃料の燃焼は依然として主要なエネルギー源である。）
　〈「燃焼」を一般的な現象として表します〉
②Users must avoid turning off the switch during operation.
　（動作中にスイッチを切るのは避けるべきである。）
　〈avoid+動名詞で「まだしていないことをしないでおく」ことを表します〉

---

　①Burning fossil fuels（化石燃料の燃焼）は、文脈上「これから起こること」ではないため、主語をTo burn fossil fuelsに置き換えることができません。

　②動詞avoidが避けたい事象として、turning off the switch（スイッチを切る）を目的語に配置できます。動詞avoidは、to不定詞を目的語にすることができないと辞書にあります。to不定詞は「これから〜したい、〜すべき、〜できる」といった未来への意志や希望を意味するためです。

　他動詞には、動名詞とto不定詞の両方を目的語にできるもの、片方のみを目的語にできるもの、両方を目的語にできるが意味が変わるものがあります（次ページ「他動詞の目的語としての動名詞とto不定詞」参照)。

次に、動名詞とto不定詞の両方を目的語にできるが意味が変わる動詞rememberを例にとって、to不定詞と動名詞の違いを感じてみましょう。

〈remember＋to不定詞〉

The inspector remembered to check all wiring for cuts, bare spots, and fraying.

（検査者は断線、露出、擦り切れがないかどうか、配線をすべて点検<u>しなければならないことを覚えていた</u> / <u>忘れずに点検した</u>。）

〈remember＋動名詞〉

The inspector remembered checking all wiring for cuts, bare spots, and fraying.

（検査者は断線、露出、擦り切れがないかどうか、配線をすべて点検<u>したことを覚えていた</u>。）

　remember＋to不定詞の場合、「これからする」ことを忘れずに覚え

他動詞の目的語としての動名詞と to 不定詞

　他動詞には、
- 動名詞とto不定詞の両方を目的語にできるもの
  （例：begin, continue, intend, startなど）
- 動名詞のみを目的語にするもの
  （例：consider, finish, avoid, suggestなど）
- to不定詞のみを目的語にするもの
  （例：expect, manage, desireなど）
- 動名詞とto不定詞の両方を目的語にできるが、動名詞とto不定詞のいずれを使うかによって意味が変わるもの
  （例：remember, stopなど）

があります。辞書でよく調べるとともに、例えばfinish（～を終える）の場合は、まだ開始していないことは終えられないのでto不定詞は使えず動名詞を使う、avoid（～を避ける）も同様に、まだ行ったことがない事象を避けるのは難しいので、to不定詞ではなく動名詞を使う、expect（～を予期する）やdesire（～することを望む）は未来への言及のためto不定詞を使う、などと動詞の意味も考えるようにしましょう。

ておくことを表します。to不定詞が未来のことを表しています。

　一方、remember＋動名詞は、「すでにした」ことを覚えていることを表します。動名詞が過去のことを表しています。

（3）ライティング練習問題

---

　to不定詞または動名詞を使って、次の和文の内容を英語で書いてみましょう。

(a)　水素が二酸化炭素と反応すると、メタンが生成される。
　　〈水素＝hydrogen、二酸化炭素＝carbon dioxide、反応する＝react、メタン＝methane〉
　　答[　　　　　　　　　　　　　　　　　　　　　　　　　　]

(b)　ベアリングの主な目的は、機械の可動部品間の摩擦を減らすことである。
　　〈ベアリング＝bearing、機械＝machine、可動部品＝moving part、摩擦＝friction〉
　　答[　　　　　　　　　　　　　　　　　　　　　　　　　　]

(c)　鋼板を合金化することで、耐食性を高めることができる。
　　〈鋼板＝steel plate、合金化する＝alloy、耐食性＝corrosion resistance〉
　　答[　　　　　　　　　　　　　　　　　　　　　　　　　　]

(d)　スマートウォッチは、メモリを使い切ると、ユーザの健康状態の監視を停止する。
　　〈スマートウォッチ＝smartwatch、メモリ＝memory、使い切る＝use up、健康状態＝health condition、監視する＝monitor、停止する＝stop〉
　　答[　　　　　　　　　　　　　　　　　　　　　　　　　　]

(e)　アマルガムは、銀や銅、錫などの1種以上の他の金属と水銀を
　　結合させたものである。
　　〈アマルガム＝amalgam、銀や銅、錫＝silver, copper, and tin、金属＝
　　metal、水銀＝mercury、結合させる＝combine〉
　答［　　　　　　　　　　　　　　　　　　　　　　　　　　　　　　　　　］

解答

(a)　Hydrogen can react with carbon dioxide to form methane.

解説　「水素が二酸化炭素と反応する」を先に作成します。react（反応する）は自動詞と他動詞の両方がありますが、自動詞で使うことで受動態を避けることができます。Hydrogen can react with carbon dioxide までが作成できたら、その結果生じる「メタンが生成される」をto不定詞を使って表現します。「反応すると」の仮定のニュアンスは助動詞canを使って表します。

(b)　The main purpose of bearings is to reduce friction between
　　moving parts of a machine.

解説　「目的」はこれから起こることのため、to不定詞を使って表現します。補語の部分でto不定詞の代わりに動名詞を使ってThe main purpose of bearings is reducing friction between moving parts of a machine.と書くと、視覚的に現在進行形と間違えやすくなるため不適切です。「摩擦（friction）」は不可算名詞のため無冠詞単数形が適切です。

(c)　Alloying steel plates can increase their corrosion resistance.

解説　動詞「合金化する（alloy）」を動名詞の形にし、主語に配置します。名詞の役割を果たすものの、動詞の役割を残しているため直後に名詞（steel plates）を配置できます。「合金化する」という一般的な現象を表すのに動名詞が適切であり、to不定詞は使用しません。

(d)　The smartwatch will stop monitoring the user's health conditions
　　once its memory is used up.

解説 動詞stop（〜をやめる・停止する）には、動名詞を後ろに配置してstop monitoringとします。まだ起こっていない未来のことはやめられないことから、to不定詞を配置すると「〜するために動作を止める」という意味になってしまい不適切です。「監視する」の後ろには目的語を配置できますので、monitoring the user's health conditionsと並べます。

(e) An amalgam is formed by combining mercury with one or more other metals, such as silver, copper, and tin.
    または
    Mercury is combined with one or more other metals, such as silver, copper, and tin, to form an amalgam.

解説 「アマルガムは、〜により形成される」と表現する場合には動名詞「combining」を使います。一方、「水銀を結合させる」とはじめに表現したい場合には、終わりにto不定詞「to form」を使います。未来を表すto不定詞と、一般的現象として表せる動名詞の両方を使えるようにしておくと便利です。

to不定詞と動名詞の**POINT**

- to不定詞は、名詞、形容詞、副詞の役割を果たす。動名詞は、名詞の役割を果たす。
- to不定詞は「未来」を表す。動名詞は「今起こっていること」や「一般的に行われていること」を表す。
- 「動名詞」と「名詞の役割を果たすto不定詞」は、文意や文中での位置に応じて適切なほうを選択する。

スキルアップ
コラム

to不定詞と動名詞(＋動詞の名詞形)の使い分け

目的「～するために」を表す
to不定詞、for＋動名詞、for＋動詞の名詞形

　目的「～するために」を英語で表す場合、副詞の役割を果たすto不定詞、for＋動名詞、for＋動詞の名詞形の3つの表現が考えられるでしょう。

> 「油受けを取り外すために、4本のネジを緩める。」
> ①To remove the oil pan, loosen the four screws.（副詞の役割を果たすto不定詞）
> ②For removing the oil pan, loosen the four screws.（for＋動名詞）
> ③For removal of the oil pan, loosen the four screws.（for＋動詞の名詞形）

　これら3つの表現の中で、使用をすすめるのは①to不定詞です。①～③を順に見ていきましょう。

①To remove the oil pan, loosen the four screws.

（to不定詞）… ○

　目的「～するために」は、to不定詞を使うと最も明確に表すことができます。
　それは、前置詞toが「到達点を含む方向、到達点」(p.182「各前置詞の基本イメージ」参照)を表し、to不定詞が、「動詞が表す行為へ向かっていて、その行為に到達することを含意する」と考えられるためです(p.196「未来を表すto不定詞」参照)。

②For removing the oil pan, loosen the four screws.

（for＋動名詞）… △

　一方、for＋動名詞は、目的への到達を示さない表現となります。それは、

第1章 ライティングの基本

第2章 ライティングの英文法Ⅰ

第3章 ライティングの英文法Ⅱ

第4章 ライティングの応用

203

前置詞forが「到達点を含まない方向」(p.182「各前置詞の基本イメージ」参照)を表し、for＋動名詞が「動名詞が表す行為へ向かっているが、到達は示さない」と考えられるためです。

③<u>For removal of the oil pan</u>, loosen the four screws.

(for＋動詞の名詞形) …△

　また、for＋動詞の名詞形は、for＋動名詞の場合と同じ理由で、目的への到達を示さない表現となります。また、動詞の名詞形の後にさらに前置詞ofを必要とするのでto不定詞とfor＋動名詞と比べて語数が増えてしまいます。

主語「～すること」を表すto不定詞、動名詞、動詞の名詞形

　主語「～すること」を英語で表す場合、名詞の役割を果たすto不定詞、動名詞、動詞の名詞形の3つの表現が考えられるでしょう。

「温室では温度調整が重要である。」
①<u>To adjust the temperature</u> is critical in greenhouses.（名詞の役割を果たすto不定詞）
②<u>Adjusting the temperature</u> is critical in greenhouses.（動名詞）
③<u>Adjustment of the temperature</u> is critical in greenhouses.（動詞の名詞形）
　さらに、次のように、動詞の名詞形を略式に表現することも可能です。
③′ <u>Temperature adjustment</u> is critical in greenhouses.（動詞の名詞形・略式）

　これら4つの表現のうち、使用をすすめるのは、②動名詞または③′動詞の名詞形の略式表現です。①～③′を順に見ていきましょう。

①<u>To adjust the temperature</u> is critical in greenhouses.

(名詞の役割を果たすto不定詞) …△

　to不定詞を文頭に使った場合、視覚的に、目的「～するために」を表す副詞の役割を果たすto不定詞と間違えやすくなってしまいます。技術文書

の英文では、目的「〜するために」を表すために「副詞の役割を果たすto不定詞」を文頭に置くことが多いためです（p.203 スキルアップコラム「目的『〜するために』を表すto不定詞、for＋動名詞、for＋動詞の名詞形」参照）。

　また、to不定詞を主語とした表現は、辞書の定義のようで堅い印象を与えます。さらには、主語のto不定詞は、主語が長くなるのを防ぐために形式主語itを使って書き換えるのが通例で、It is critical to adjust the temperature in greenhouses.となりますが、形式主語itを使った表現は語数が増えるため多用を控えます。

②Adjusting the temperature is critical in greenhouses.

（動名詞）… ○

　主語「〜すること」に動名詞を使うと、短くやさしく表現することができます。また、to不定詞を使った場合の問題を避けることもできます。なお、動名詞の主語が長すぎて述部とのバランスが悪くなる場合には、形式主語itを使ったto不定詞を使うことがあります。

③Adjustment of the temperature is critical in greenhouses.

（動詞の名詞形）… △

　動詞の名詞形を使うと、前置詞ofが必要となり語数が増えてしまいます。

③′ Temperature adjustment is critical in greenhouses.

（動詞の名詞形・略式）… ○

　動詞の名詞形の略式表現を使うと、短くやさしく表現することができます。Adjustment of the temperature→Temperature adjustmentのように、名詞を並べる略式な書き方です。並べた名詞のうち、前の名詞が後ろの名詞を修飾する形容詞として働きます。形容詞として働く名詞は冠詞と数の整えが不要になるため、誤りが減るという利点もあります。

　なお、略式に名詞を並べる表現は、読みづらくならない範囲で行います。基本的には3語までの羅列とし、3語を超える場合には、前置詞を使った表現に変更します。3語以内であっても、前後の文構造や3語間の関連性によっては、前置詞を使って解体したほうが望ましい場合もあります。例えば、「温室内温度調整」と言いたい場合、inner（内部の）を使った greenhouse inner temperature adjustmentは読み手の負担が大きいため、temperature adjustment in greenhousesのように解体します。3語のgreenhouse temperature adjustmentだと許容度が増し、例えば Greenhouse temperature adjustment is critical for the health and growth of plants sensitive to climatic changes. (温室の温度調整は、気候の変化に敏感な植物の健康と生育に重要である。)のような文章では問題がありません。一方、Greenhouse temperature adjustment is critical for plants. であれば、Temperature adjustment in greenhouses is critical for plants.のほうが読み手の負担が少ないでしょう。

4. 現在分詞と過去分詞

（1）分詞による名詞の説明

■現在分詞と過去分詞による名詞の説明

　現在分詞と過去分詞は、名詞の直前や直後に置き、名詞を説明します。

　現在分詞は動詞に-ingを加えた形、過去分詞は動詞に-edを加えた形です。不規則変化するものもあります。

　現在分詞は「～する」や「～している」のように**能動的な意味**を表し、**過去分詞**は「～された」や「～されている」のように**受動的な意味**を表します。

　分詞が1語からなる場合には説明する名詞の直前に置き、分詞の後に語句が長く続く場合には説明する名詞の直後に置くのが通例です。

　例えば次のように、分詞を使って名詞を説明することができます。

(a) rising temperature（上昇している温度）

　現在分詞を使います。説明する名詞の直前に分詞を置きます。現在分詞risingは自動詞としての機能を残しており、「ひとりでに上昇している」ことが表されています。

(b) a compound containing nitrogenまたは
　　a nitrogen-containing compound（窒素を含む化合物）

　現在分詞を使います。分詞の後に語句が続くため、説明する名詞の直後に置きます。nitrogenとcontainingをハイフンでつないで名詞の前に置くことも可能です。

　関係代名詞の限定用法（p.230「関係代名詞の限定用法・主格」参照）を使っ

てa compound that contains nitrogenと表すこともできますが、分詞の
ほうが動詞が表す動きを強く出せるため、「含まれている」状態をより
明確に表せます。

(c) personalized customer service（パーソナライズされた顧客サービス）

過去分詞を使います。説明する名詞の直前に分詞を置きます。

(d) a service enabled by AIまたは
an AI-enabled service（AIを使ったサービス）

過去分詞を使います。説明する名詞の直前または直後に分詞を置きます。AIとenabledをハイフンでつなぎ、前に置くことも可能です。

これらの表現は、関係代名詞の限定用法を使ってa service that is
enabled by AIと書き換えることもできます。

分詞による説明は、関係代名詞の限定用法（p.230「関係代名詞の限定用法・主格」参照）を使って書き直すことができるものの、分詞を使うと動詞の動きが生じるために流れよく読める利点があります。そこで、短い説明には分詞を使う、時制の明示や助動詞の追加が不要な内容であれば分詞を使う、などと分詞を選択する基準を決めておくとよいでしょう。

（2）分詞構文

■ 現在分詞や過去分詞を使った分詞構文

分詞によって名詞に説明を加える例を説明しましたが、次に、分詞によって文全体に説明を加える分詞構文について説明します。現在分詞または過去分詞を使った句を文頭または文末に加えます。文頭に配置する分詞は先に読ませて強調したい意図があり、文末に配置する分詞は次の文をつなげることによって素早く情報を提供したい意図があります。そこで、文頭に配置する分詞句は、分詞の意味上の主語が文の主語と一致している必要があり、文末に配置する分詞句は、分詞の意味上の主語が

文の主語と一致している以外に、文を区切ってThis（このこと）を主語にした場合に意味が通ることを確認して使用します。

(a) 文頭の分詞構文
現在分詞

Transmitting data at ultrahigh speeds, fiber optic cables enable modern high-speed internet connections.
（超高速でデータを伝送できる光ファイバーケーブルによって、現代の高速インターネット接続が可能になっている。）
解説 現在分詞transmittingの意味上の主語はfiber optic cables（光ファイバーケーブル）ですので、分詞構文が正しく使えています。

　Fiber optic cables transmit data at ultrahigh speeds and enable modern high-speed internet connections.（光ファイバーケーブルは超高速でデータを伝送し、現代の高速インターネット接続を可能にしている。）のうち、transmit data at ultrahigh speedsを先に読ませて強調したい場合に文頭の分詞構文が使えます。

　なお、主語がそろっていない分詞構文とは、例えばInstalling the cleanup software, the computer operated efficiently.（クリーンアップソフトをインストールすると、コンピュータの動作が効率化できた。）のような文章で、分詞Installingの主語がcomputerではないため誤りとなります（第1章 p.33「リライト練習問題(b)」参照）。

過去分詞

Controlled remotely, the delivery drone successfully navigated and reached its destination.
（遠隔操作によって、宅配ドローンが無事移動し、目的地に到着した。）
解説 過去分詞controlledの意味上の主語はthe delivery drone（宅配ドローン）ですので、分詞構文が正しく使えています。

　文頭の分詞構文は、主語がそろっていることに加えて、意味が明確に伝わる場合にのみ使用しましょう。例えば、次の文章では意味が不明瞭

になるため使用できません。

Entering the data center, technicians are required to undergo biometric recognition to protect sensitive information from unauthorized access.
⋯ ✕

（データセンターに入る技術者は、不正アクセスから機密情報を守るために生体認証を受けることが義務付けられている。）

　Entering the data centerの主語が文の主語とそろっていますが、「データセンターに入る」と「生体認証を受ける」の時間的関係が不明瞭です。この場合、1. 名詞に対する分詞の修飾とする、2. 接続詞を加えて時間関係を明示する、のいずれかに変更します。

1. Technicians **entering** the data center are required to undergo biometric recognition to protect sensitive information from unauthorized access.

　「データセンターに入る」という説明をtechniciansに加える。

　なお、関係代名詞を使って、Technicians who enter the data centerやTechnicians who intend to enter the data centerなどと表現すれば、「データセンターにこれから入る」や「データセンターに入る意図がある」という意味がさらに明確に示せます。

2. **Before** entering the data center, technicians are required to undergo biometric recognition to protect sensitive information from unauthorized access.

　「データセンターに入る前に」として時間的関係を明示する。

（b）文末の分詞構文
現在分詞

Network congestion during peak hours can slow internet speeds, possibly affecting online transactions.

（ピーク時のネットワークの混雑によってインターネット速度が低下する可能性があり、オンライン取引が影響を受けるかもしれません。）

解説 文末の分詞構文によって、文に情報を加えています。現在分詞

affectingの意味上の主語はNetwork congestion possibly affects online transactions.とThis possibly affects online transactions.のいずれと理解しても文意に問題がありませんので、分詞構文が正しく使えていることがわかります。

過去分詞

Slow loading on our shopping website has caused customer dissatisfaction, followed by lost sales.
（ショッピングサイトの読み込みが遅いために、顧客の不満が募り、売上が減少している。）

解説 過去分詞followedの主語として、This is followed by lost sales.と理解できますので、分詞構文が正しく使えていることがわかります。

　文末の分詞構文は文頭の分詞構文に比べると、誤った使い方をしてしまう可能性が低く、活用できる場面が多くあります。特に現在分詞による文末の分詞構文は、情報を先へと流れよく、読み手に提供できて便利です。

（3）ライティング練習問題

　　現在分詞または過去分詞を使って、次の和文の内容を英語で書いてみましょう。文全体を修飾する分詞構文もあわせて練習しましょう。

(a)　大気は地球を取り囲む気体の層である。

　　〈大気＝atmosphere、取り囲む＝surround、気体＝gas、層＝layer〉
　答[　　　　　　　　　　　　　　　　　　　　　　　　　　　　　　]

(b)　AIを使ってパーソナライズされたコンテンツによって、データストリーミングサービスで得られるユーザ体験が向上する。

　　〈パーソナライズする＝personalize、コンテンツ＝content、データストリーミングサービス＝data streaming service、ユーザ体験＝user experience〉
　答[　　　　　　　　　　　　　　　　　　　　　　　　　　　　　　]

(c) Bluetooth接続のカーステレオによると、ドライバーが手動で操作することなく音楽を再生できる。

〈Bluetooth接続の＝Bluetooth-connected、カーステレオ＝car stereo、手動の操作＝manual operation、音楽を再生する＝play music〉

答［   ］

(d) 大気中の温室効果ガスの増加は生態系を破壊し、生物多様性を脅かしている。

〈大気中の＝atmospheric、生態系＝ecosystem、破壊する＝disrupt、生物多様性＝biodiversity〉

答［   ］

(e) カーボンナノファイバーは、エレクトロスピニングによって製造され、その後、機械的特性を向上させるために熱処理が施される。

〈カーボンナノファイバー＝carbon nanofiber、エレクトロスピニング＝electrospinning、製造する＝produce、機械的特性＝mechanical property、熱処理＝heat treatment〉

答［   ］

解 答

(a) The atmosphere is the layer of gases surrounding the earth.

解説 現在分詞surroundingを使ってthe earthに説明を加えます。名詞の扱いについて、atmosphere（大気）とearth（地球）は唯一のものとして読み手と書き手が同意できることから定冠詞theを使います。layer（層）はaもtheも可能ですが、「大気は〜という層である」と堅く定義するために定冠詞theを使います。gas（気体）は複数種類からなるため複数形とします。

(b) Content personalized using AI improves the user experience in data streaming services.

解説 過去分詞personalizedを使ってcontentに説明を加えます。Content

that is personalized using AIのような関係代名詞を使った表現も可能ですが、分詞のみを使うことで、情報を素早く読み手に提供できます。

(c) The Bluetooth-connected car stereo allows drivers to play music without manual operation.

解説 「Bluetooth接続の」に過去分詞を使い、Bluetooth-connectedを修飾する語の前に配置します。the car stereo using Bluetooth connectionやthe car stereo connected using Bluetoothも可能ですが、ハイフンを使うことで分詞を名詞の前に配置できます。allowは「allow+人+to+動詞」で「人が～することを可能にする」を表します。

(d) The increasing amounts of atmospheric greenhouse gases have been disrupting ecosystems, thus threatening biodiversity.

解説 「温室効果ガスの増加」はThe increase in the amounts of atmospheric greenhouse gasesも可能ですが、The increasing amounts of atmospheric greenhouse gasesのように現在分詞を使えばgreenhouse gasesを直接修飾できて便利です。現在分詞threateningを使って、「脅かしている」を文末に加えます。流れをよくするためにthus（そのため）を入れることができます。

(e) Carbon nanofibers are produced through electrospinning, followed by heat treatment to enhance their mechanical properties.

解説 「その後、熱処理が施された」を過去分詞followedを使って加えます。This is followed byのように区切って文が成り立つことが確認できます。

現在分詞と過去分詞のPOINT

- 現在分詞は能動の意味、過去分詞は受動の意味で名詞を説明する。
- 文全体を修飾する分詞構文も正しく使う。文末の分詞構文は活用価値が高い。

懸垂分詞をやめる理由

<ruby>懸<rt>けん</rt>垂<rt>すい</rt></ruby>分詞をやめる理由

懸垂分詞とは

　懸垂分詞とは、分詞構文において分詞の意味上の主語がその文の主語ではない分詞句のことです。本書では、次の例を扱いました。

〈懸垂分詞の例〉

Installing the cleanup software, the computer operated efficiently.
（第1章 p.32 リライト練習問題 (b)）
　（正しくは、The computer operated efficiently after the cleanup software was installed.）

ネイティブがよいと言ったら

　英語を母国語とする人の中には、誤って読まれる可能性が低ければ、懸垂分詞でもよいと主張する人もいるようです。しかし、次の2つの理由により、日本人の技術系英文ライターは懸垂分詞を避けるべきです。

理由① スタイルガイドに従うべき

　多くのスタイルガイド（第1章 p.31「代表的なスタイルガイド」参照）で、懸垂分詞は不適切な表現とされています。「文法的に正しくない」と明示されているものもあります。スタイルガイドは、「出版物などにおいて統一した言葉使いを規定する手引き」ですので、スタイルガイドが不適切としている表現は避けるべきです。

　懸垂分詞がどのようなものかを理解して避けられるように、スタイルガイドに載っている懸垂分詞の例を引用します。

　（　）内に日本語訳、〈　〉内に補足説明を加えました。

◆*The Chicago Manual of Style,* 17th edition（p.263）

"Finding that the questions were not ambiguous, the exam grades were not changed."

（問題が曖昧でないことがわかったので、試験の成績は変更されなかった。）

〈「わかった」の主語がないため不適切。能動態を使うことで修正可能〉

正しくは "Finding that the questions were not ambiguous, the teacher did not change the exam grades"

（問題が曖昧でないことがわかったので、教師は試験の成績を変更しなかった。）

"Reviewing the suggestions, it is clear that no consensus exists."

（提案を検討し、コンセンサスが存在しないことは明らかである。）

〈主節の主語にitを使う場合にも懸垂が起こり得る。〉

正しくは "Our review of the suggestions shows that no consensus exists."

（提案の検討によると、コンセンサスは存在しない。）

◆*Microsoft® Manual of Style for Technical Publications,* Third Edition（p.170）

"By using object-oriented graphics, the structural integrity of the individual elements of the graphic is maintained and can be edited."

（オブジェクト指向グラフィックスを使うことによって、グラフィックの各要素の構造的完全性は維持され、各要素を編集することができる）

〈「オブジェクト指向グラフィックスを使う」の動作主が書かれていない〉

正しくは "By using object-oriented graphics, you can edit each element of the graphic because the structural integrity of the individual elements is maintained."

（オブジェクト指向グラフィックスを使うことによって、グラフィックの各要素の構造的完全性は維持されるため、各要素を編集することができる。）

"Even after adding more data, the spreadsheet calculated as quickly as before."

(データをさらに追加した後でも、本表計算ソフトは前と同じくらい速く計算した。)

〈「データを追加する」の動作主が書かれていない〉

正しくは "Even when more data was added, the spreadsheet calculated as quickly as before."

(データがさらに追加された場合でも、本表計算ソフトは前と同じくらい速く計算した。)

　なお、assuming, considering, concerningといった一部の分詞は前置詞のように働き、「懸垂分詞」には該当しない、とスタイルガイドに記載されています。例を引用します。

例： "Considering the road conditions, the trip went quickly."

(道の状態を考慮すると、速く移動できたほうだ。)

〈懸垂分詞にはあたらない〉

The Chicago Manual of Style, 17th edition （p.280）

理由② 非ネイティブ技術系英文ライターは、特に正しく書くべき

　日本人の技術系英文ライターは、英語を母国語としないからこそ、正しくてより無難な表現を選択する必要があります。

　たとえネイティブが使用を許したとしても、日本人の技術系英文ライターは懸垂分詞を使わないように細心の注意を払いましょう。

5. 比較

（1） 3つの比較表現

■ 比較表現「原級」、「比較級」、「最上級」

比較表現には、「原級」と「比較級」と「最上級」があります。

原　級	何かと何かが同等であることを比較する
比較級	何かと何かに差があることを比較する
最上級	何かが一番であることを表す

　形容詞や副詞を、「原級（原形）」、「比較級（「より〜」）」、「最上級（「一番〜」）」の形で使用します。

　「原級」は辞書の見出しの形です。「比較級」と「最上級」は比較変化した形です。

　例えば、heavy（重い）の原級、比較級、最上級は、それぞれheavy, heavier, heaviestです。

■ 規則変化と不規則変化

　「比較級」と「最上級」の比較変化には、規則変化と不規則変化があります。

　規則変化には、原級の語尾に-er（比較級）、-est（最上級）を付ける場合と、原級の前にmore（比較級）、most（最上級）を置く場合があります。

　基本的に、1音節の語は語尾に-er、-estを付けます。2音節の語や3音節以上の語と語尾が-lyで終わる副詞は、前にmore, mostを置きます。

　例えば、heavy（重い）は、heavy—heavier—heaviestと規則変化し、

effective（効果的な）は、effective—more effective—most effectiveと規則変化します。

　一方、特定の形容詞や副詞は不規則変化します。例えばmany（多くの）、much（多くの、大いに）、little（少ない）は次のように不規則変化します。

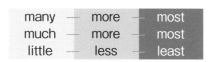

（2）比較表現の成り立ち

■ 比較級の作り方

　比較級を使った比較表現は、作り方の基本を理解しておくことが大切です。内容が複雑になった場合にも、基本に忠実に作成することで、誤りを防ぐことができます。そこで、比較級を使って英文を書く過程を詳しく説明します。

> デスクトップパソコンはノートパソコンよりも部品点数が多い。
> Desktops include more components than laptops.

　「デスクトップパソコンは部品を含む。（Desktops include components.）」と「ノートパソコンは部品を含む。（Laptops include components.）」の2文を、「比較級＋than」を使ってつなぎます。more components than を使います。

> Desktops include components. + Laptops include components.
>
> Desktops include more components than laptops do.

　2つの文を合わせるにあたり、重複する部分は削除します。つまり、Desktops include more components than laptops (include components).のincludeは重複するためdoに変更し、componentsは削除します。これ

で完成とできますが、後ろの動詞doを省略するのが通例です。そうして完成したのが、はじめに和文と併記した英文となります。なお、比較の対象がわかりにくくなる場合、つまり例えば、desktopsとlaptopsの比較ではなく、componentsとlaptopsの比較であるかのように読めてしまう場合には、動詞doを文末に残すことが可能です。

■ 比較級の活用

　比較級の組み立て方法が習得できたら、「～と比較して」といった和文に比較級を積極的に使いましょう。和文通りにAs compared withと表現するよりも、比較対象との優劣や変化が明記できる場合には「比較級＋必要に応じてthan」を使った比較表現を使いましょう。「効率化」や「低コスト化」といった「～化」や「～が上昇する」や「～が上がる、下がる」などの変化を表す文脈にも、英語の動詞increaseやdecreaseの代わりに形容詞による比較級が使えることが少なくありません。

(a)「～と比較して」

> 同シリーズの他の製品と比べて、新モデルはエネルギー効率が高く、操作も簡単である。
> Compared with other products in the same series, the new model is energy-efficient and easy to operate.　⋯△
> The new model is more energy-efficient and easier to operate than other products in the same series.　⋯ ○

比較の対象はthe new modelとother productsです。

(b)「効率化」、「低コスト化」

> Web会議を頻繁に行うことにより、在宅勤務者同士のやりとりが効率化できる。
> By holding frequent web meetings, the communication between teleworkers can become efficient.　⋯△

> Frequent web meetings enable more efficient communication between teleworkers. ⋯○

　「効率化」にmore efficientという比較級を使うことで、become（〜になる）を使った長い表現を避けられます。比較の対象は「Web会議を頻繁に行う場合」と「そうでない場合」ですが、このように比較対象が明白な場合には、thanを省略することができます。

> 光触媒と電解を使ったハイブリッドシステムによって、水素の製造を低コスト化できる。
> A hybrid system using photocatalysis and electrolysis can make hydrogen production cost-effective. ⋯△
> A hybrid system using photocatalysis and electrolysis allows hydrogen production to be more cost-effective. ⋯○

　「低コスト化」にもmake…cost-effectiveといった難しい文型（SVOC）

いろいろな比較級表現

①AはBよりも〜する【SV】
Core i7 laptops operate much faster than Core i5 laptops (do).
（Core i7のノートパソコンはCore i5のものよりも遥かに速く動作する。）

②AはBよりも〜ある【SVC】
Laptops are usually more expensive than desktops of the same class (are).
（ノートパソコンは同性能のデスクトップパソコンよりも高価なことが多い。）
注：比較対象をthe price of laptopsとthe price of desktopsとすることも可能です。
　　The price of laptops is usually higher than the price of desktops of the same class.
　　この場合、後者のthe priceは、代名詞thatに置き換えることが可能です。

③AはBよりも〜を〜する【SVO】
Desktops include more components than laptops (do).
（デスクトップパソコンは、ノートパソコンよりも部品点数が多い。）

を避けることができます。比較の対象は、a hybrid system using photo-catalysis and electrolysisとa system without using photocatalysis and electrolysisですが、後者への言及は明白と考え省略しています。

(c)「高くなる」といった変化の表現

> 価格が高くなっても、消費者は環境に優しい製品を購入するだろう。
> Consumers are expected to buy environmentally friendly products even when the prices become high.   ⋯△
> Consumers are expected to buy environmentally friendly products even at higher prices.   ⋯○

　形容詞high（高い）の比較級を使うことで、短い名詞句を活用して簡潔に表現できます。前置詞句even at higher pricesで「価格が高くなっても」を表せます。複文構造を使った場合でも、even when the prices become highやeven when the prices increaseではなく比較級を使って

④AはBよりも〜しない・でない・を〜しない
Core i5 laptops operate less fast than Core i7 laptops (do).
（Core i5のノートパソコンはCore i7のものほど早く動作しない。）
注：比較級にはless + 形容詞の原形を使います。
　　なお、形容詞を変更してoperate slower than（動作がより遅い）と言い換えることもできます。

Desktops are usually less expensive than laptops of the same class (are).
（デスクトップパソコンは同性能のノートパソコンほど高価でないことが多い。）

Laptops include fewer components than desktops (do).
（ノートパソコンはデスクトップパソコンよりも部品点数が少ない。）
注：「点数が少ない」にはfewの比較級を使うことができます。fewerは、可算名詞の個数がより少ないことを表します（第1章 p.90「『〜よりも少ない』は可算名詞にはfewer、不可算名詞にはlessを使う」参照）。

even when the prices are higherと表現することができれば、複文構造を前置詞句に書き換えることも容易になります。

■ 原級の作り方

原級を使った比較表現も、比較級と同様に、作り方の基本を理解しておくことが大切です。原級を使って英文を書く過程を詳しく説明します。

> ノートパソコンは、同性能のデスクトップパソコンの2倍の価格になり得る。
> Laptops can be twice as expensive as desktops of the same class.

「ノートパソコンは高価になり得る。(Laptops can be expensive.)」と「同性能のデスクトップパソコンは高価である。(Desktops of the same class are expensive.)」の2文を「as+原級+as」を使ってつなぎます。

いろいろな原級表現

①AはBと同じくらい〜する
Core i7 laptops operate as fast as some gaming computers.
(Core i7のノートパソコンは、一部のゲーミングパソコンと同じくらい高速に動作する。)

②AはBと同じくらい〜である
Laptops are as expensive as high-end smartphones.
(ノートパソコンは、高性能なスマートフォンと同じくらいの価格である。)

③AはBの〜倍〜する
Laptops can cost twice as high as desktops of the same class.
(ノートパソコンは、同性能のデスクトップパソコンの2倍の価格になり得る。)

④AはBの〜倍〜である
Laptops can be twice as expensive as desktops of the same class.
(ノートパソコンは、同性能のデスクトップパソコンの2倍の価格になり得る。)

倍数の情報がある場合には、「as+原級+as」の前に挿入します。

Laptops can be expensive. + Desktops of the same class are expensive.

Laptops can be twice as expensive as desktops of the same class are.

　これで完成とできますが、後ろの動詞areは省略することが可能です。そうして完成したのが、はじめに和文と併記した英文となります。

■ 最上級の作り方

　最上級を使った比較表現も、比較級と原級と同様に作り方の基本を理解しておくことが大切です。最上級を使って英文を書く過程を詳しく説明します。

Laptops are the most versatile and indispensable of all computer types.
（ノートパソコンは、あらゆるタイプのコンピュータの中で最も汎用性が高く、不可欠なものである。）

　この場合、Laptops are versatile and indispensable.（ノートパソコンは汎用性が高く、必要不可欠である。）の形容詞versatile and indispensable を最上級に変化させるためにthe mostを使います。比較の対象となる「あらゆるタイプのコンピュータの中で（of all computer types）」を付け加えて英文を完成させます。

Laptops are versatile and indispensable.

Laptops are <u>the most</u> versatile and indispensable <u>of all computer types</u>.

なお、「～の中で」にあたる比較の範囲や対象は、複数の数が意識される語句の場合には「of＋名詞」、場所や集団を表す語句の場合には「in＋名詞」で表します。「～番目に～である」のように、最上位からの順位を加えたい場合には、the mostといった最上級の前にthe second most versatile…のように加えることができます。

いろいろな最上級表現

①Aは～（複数の個体）の中で一番～する

Laptops are the most versatile of all computer types.
（ノートパソコンは、あらゆるタイプのコンピュータの中で最も汎用性が高い。）
注：「～の中で」にあたる比較の範囲や対象は、複数の数が意識される語句の場合には「of＋名詞」で表します。

②Aは～（場所や集団）の中で一番～する

Laptops are the most versatile in business situations.
（ノートパソコンは、ビジネスの場面で最も汎用性が高い。）
注：「～の中で」にあたる比較の範囲や対象は、場所や集団を表す語句の場合には「in＋名詞」で表します。

③Aは～の中で一番～な～（名詞）である

Laptops are the most versatile computers for business people.
（ノートパソコンは、ビジネスパーソンにとって最も汎用性の高いコンピュータである。）
注：名詞を修飾する形容詞の最上級の場合、最上級の前に必ずtheを置きます。冠詞theは名詞の前に置くためです(第2章 p.107「名詞の取り扱い―冠詞」参照)。また、最上級の後ろに名詞がない場合でも、名詞を容易に補うことができれば最上級の前にtheを置くことができます(例：Laptops are the most versatile for business people.)。

（3）ライティング練習問題

種々の比較表現を使って、次の和文の内容を英語で書いてみましょう。

(a) 真鍮は純銅よりも融点が低いため、加工しやすい。
〈真鍮＝brass、純銅＝pure copper、融点＝melting point、加工する＝machine〉
答 [   ]

(b) ヘリウム原子は、水素原子の4倍の重さである。
〈ヘリウム原子＝helium atom、水素原子＝hydrogen atom〉
答 [   ]

(c) すい臓癌は、英国では癌による死因の5番目に多く、米国では3番目に多い。
〈すい臓癌＝pancreatic cancer、死因＝cause of death、多い＝common、英国＝the United Kingdom、米国＝the United States〉
答 [   ]

(d) CO_2濃度の増加が、世界の気温が上昇する一因となっている。
〈CO_2濃度＝CO_2 level、世界の気温＝global temperature、一因となる＝contribute to〉
答 [   ]

(e) 太陽光発電技術と蓄電池を組み合わせたハイブリッドシステムによって、エネルギー利用の効率化が可能になる。
〈太陽光発電技術＝photovoltaic technology、蓄電池＝storage battery、ハイブリッドシステム＝hybrid system、エネルギー＝energy〉
答 [   ]

解答

(a) Brass has a lower melting point than pure copper and is thus easier to machine.

解説 brassとpure copperを比較します。Brass has a melting point. Pure copper has a melting point.の2文を、比較級lowerを使って組み合わせます。Brass has a lower melting point than pure copper (does).とできます。そのままis easier to machineを続けることができます。流れをよくするために副詞thus（したがって）を使うことが可能です。

(b) A helium atom is four times as heavy as a hydrogen atom.
または
A helium atom is four times heavier than a hydrogen atom.
または
A helium atom weighs four times as much as a hydrogen atom.
または
A helium atom weighs four times more than a hydrogen atom.

解説 「重い」を表す形容詞heavyを使い、「～の～倍の重さである」と原級を使って表現できます。比較級heavierを使い、「～よりも～倍重い」と表現することもできます。さらには、「～の重さがある」を表す動詞weighを使い、much（多く）の原級muchまたは比較級moreを使って表現することもできます。基本に立ち返り、丁寧に作成しましょう。

(c) Pancreatic cancer is the fifth most common cause of death from cancer in the United Kingdom, and the third most common in the United States.

解説 「多い」を表す形容詞commonを最上級で使い、Pancreatic cancer is the most common cause of death from cancer.までを作成します。「何番目」をmostの前に入れ（the fifth most common cause of death, the third most common cause of death）、対象国を入れて完成します。「5番目」と「3番目」の重複部分を省略できるため、the third most commonのみとします。

(d) The increase in CO$_2$ levels contributes to higher global temperatures.

解説 「世界の気温が上昇する」に比較級を使って、higher global temperaturesと表現できます。「CO$_2$濃度の増加」はthe increasing CO$_2$ levelsまたはthe increase in CO$_2$ levelsが可能です。

(e) A hybrid system combining photovoltaic technology and storage batteries enables more efficient use of energy.

解説 「エネルギー利用の効率化」に比較級を使い、more efficient use of energyと表現できます。enables more efficient use of energyは、比較級を使わない場合には、increase the efficiency in energy useなどと表現できます。「太陽光発電技術(A)と蓄電池(B)を組み合わせたハイブリッドシステム」はa hybrid system combining A and Bまたはa hybrid system that combines A and Bのいずれも可能です。

比較のPOINT

- 基本事項に忠実に「比較級」、「原級」、「最上級」を正しく使う。
- 複数の比較表現を検討し、読みやすく、自信のある表現を選ぶ。
- 「～と比較して」、「～化」、「変化の表現」に比較級が使える。

「大きくなる」の直訳を避けるリライト例

和文の並びを避けて書く

　和文を元に英語を書く場合、和文の並びと同じ並びの英語を避けることで、より自然に表現できることがあります。

　次の例文を見てみましょう。

> 「複雑な機械学習アルゴリズムを使った場合に、コンピュータの計算負荷が大きくなる。」
> The computational loads on computers become large when complex machine learning algorithms are used.

　「大きくなる」にbecome largeを使い、和文の並びと同じ並びの英語で書いた表現です。間違いではありませんが、直訳調で不自然な印象を与えます。

　そこで、「大きくなる」という状態の変化に比較級を使います。その際、合わせて主語も整えます。英文の主語には上位の概念や全体構造を探します。「コンピュータ」を主語にして視点を整えます。

リライト1
Computers can have larger computational loads when they use complex machine learning algorithms.

　複文構造の主節と従属節で主語がcomputersとtheyにそろいましたので、次に従属節の主語を省略してwhen usingに変更します。すると、さらなるリライト箇所が見えてくるでしょう。

228

リライト2

Computers can have larger computational loads when using complex machine learning algorithms.

　読みやすくなりましたが、「complex machine learning algorithms（複雑な機械学習アルゴリズム）」という重要な情報が文の後半に位置しているため、前半に移動できないか検討します。

リライト3（完成1）

Computers using complex machine learning algorithms can have larger computational loads.（完成1）

　比較級を生かした読みやすい表現になりました。これで完成となりましたが、「複雑な機械学習アルゴリズム」をさらに前に出したい場合には、文構造を完全に変更することもできます。

リライト4（完成2）

Complex machine learning algorithms require larger computational loads on computers.（完成2）

リライトを重ねる

　和文を元に英語を書く場合、はじめから、正確・簡潔・明確で、かつ英語として自然な表現で書くのは難しいものです。ここで紹介した例のように、リライトを重ねることで、英文をブラッシュアップすることが大切です。ブラッシュアップ後の完成英文は、多くの場合に元の和文と並びが異なる英語表現になります。

6. 関係代名詞と関係副詞

（1）関係代名詞

　関係代名詞は、主に名詞に説明を加えるために使用します。主語と動詞を使う関係詞節として名詞に説明を加えるため、前置詞や分詞といった他の修飾項目と比較して、長めの説明を加えることができたり、時制や助動詞を含めることができたりする利点があります。関係代名詞を正しく使うためには、関係代名詞節のもとになる文の組み立てを正しく理解すること、限定用法と非限定用法を理解することが大切です。必須となる説明を加えるのが限定用法（コンマなし）、付加的な説明を加えるのが非限定用法（コンマあり）です。

■ 関係代名詞の種類
　関係詞節の中で、関係代名詞は代名詞の役割を果たし、主語の代わりの主格、所有の働きをする所有格、目的語の代わりの目的格によって、使える関係代名詞が次のように変わります。関係代名詞節によって説明される名詞のことを「先行詞」と呼びます。先行詞が「人」か「人以外」かによっても使える関係代名詞が変わります。

先行詞	主格	所有格	目的格
人	whoかthat	whose	whomかthat
人以外	whichかthat	whose	whichかthat

■ 関係代名詞の限定用法・主格
　文中の名詞に対して、関係代名詞の限定用法で、必須の説明を加えることができます。例えば、「サーバー室に入ろうとするゲストは厳しい

セキュリティー対策を守る必要がある。」と書きたい場合、「ゲスト」を限定的に説明する「サーバー室に入ろうとする」という修飾を関係代名詞で加えることができます。

〈サーバー室に入ろうとする〉⇒ゲスト

Guests ⇐〈**who** intend to enter the server room〉 must follow
先行詞　　　　　　　　　　関係代名詞節
strict security measures.

「関係代名詞」と呼ぶ理由は、関係代名詞節〈who（主語）intend to enter（動詞）the server room（目的語）〉の中でwhoが「代名詞」のように働き、先行詞と関係代名詞節を「関係」付けるためです。

また、〈who intend to enter the server room〉の中でwhoが主語として働くため、この関係代名詞を**「主格」の関係代名詞**と呼びます。

■ 関係代名詞の限定用法・所有格

次に、「パスコードの有効期限が切れた従業員は、セキュリティデスクでパスコードを更新する必要がある。」と書きたい場合、「従業員」を説明する「パスコードの有効期限が切れた」という節を関係代名詞を使って作ります。

〈パスコードの有効期限が切れた〉⇒従業員

Employees ⇐〈**whose** passcodes have expired〉 must renew them
先行詞　　　　　　　　　　関係代名詞節
at the security desk.

関係代名詞を使って、「その人の」という所有の意味を表します。つまり、employees ← their passcodes have expiredのtheirを、関係代名詞whoseを使って表します。この関係代名詞を**「所有格」の関係代名詞**と呼びます。ここでも、Employees must renew them at the security desk.とThe employees' passcodes have expired.という2つの文の共通項（下線部）をつないでいることを意識すれば、正しく組み立てることが

できます。

■ 関係代名詞の限定用法・目的格

次に、「技術者たちが入ろうとするサーバー室には機密情報が保管されている。」と書きたい場合、「サーバー室」を説明する「技術者たちが入ろうとする」という節を関係代名詞を使って作ります。

《技術者たちが入ろうとする》⇒サーバー室

The server room ⇐《that technicians intend to enter》contains
　　　　先行詞　　　　　　　　　　　関係代名詞節
confidential information.

関係代名詞は、基本的に関係代名詞節のはじめに置きます。つまり、〈technicians（主語）intend to enter（動詞）that（目的語）〉ではなく〈that technicians intend to enter〉と書きます。〈technicians（主語）intend to enter（動詞）★（目的語）〉のように、★の部分に目的語の「抜け」ができ、抜けている目的語の代わりとしてthatが働きます。この関係代名詞を**「目的格」の関係代名詞**と呼びます。目的格の関係代名詞は組み立てが若干煩雑であるため、The server room contains confidential information.とTechnicians intend to enter the server room.の2文から置き換えるのみで、足さない、引かないことを意識します。

なお、関係代名詞の所有格と目的格は、関係代名詞の主格など別の表現を使って表すことも可能です。読みやすい表現を選択するとよいでしょう。

例えば、employees whose passcodes have expiredは、employees who have expired passcodesやemployees with expired passcodes（有効期限が切れたパスコードを有する従業員）と言い換えることができます。the server room that technicians intend to enterは、the server room to be accessed by technicians（技術者たちによってアクセスされる）と言い換えることができます。

■ 関係代名詞の非限定用法

限定用法が先行詞に必須の説明を加える一方で、非限定用法は、先行詞に付加的な説明を加えます。非限定用法の作り方は、限定用法の場合と同じで、違う点は、関係代名詞の前にコンマを置くことと、関係代名詞のthatが非限定用法には使えないことです。

> セキュリティーパスを有する従業員（付加説明：サーバ室へ入室できる）
> Employees with security passes, who can enter the server room, must follow strict security measures.

非限定用法の文では、関係代名詞節を取り除いても文意が伝わります。つまり、先の文ではEmployees with security passes must follow strict security measures.（セキュリティーパスを有する従業員は、厳しいセキュリティー対策を守る必要がある。）が文のメインメッセージです。そこで、非限定用法（コンマあり）は、コンマで囲われた関係代名詞節を取り除いても文意が伝わることを確認して使いましょう。

■「人以外・主格」と「人以外・目的格」に関係代名詞that

技術文書の英文では、先に「関係代名詞の種類」で示したwhichとthatの両方が使用可能な場合（「限定用法」・「人以外・主格」、「人以外・目的格」）、thatを使うと決めておくことをすすめています。

そのように決めておくことで、気まぐれにwhichとthatを混在させることなく、一貫して使うことができて読みやすくなります。なお、非限定用法（コンマありの形）にthatを使うことはできませんので、「人以外・主格」と「人以外・目的格」の場合の限定用法にthatを使うと決めておくことにより、**限定用法にthat、非限定用法にwhich**として使い分けることができます。

なお、「人・主格」の場合、whoとthatを比べると、whoが英語として自然です。表現の自然さを大切にするならばwhoを使い、限定用法と非限定用法の使い分けを重視するならば、限定用法にthatを使うとよいでしょう。「人・目的格」（whomとthat）の場合も同様です。

例えばIEEEのスタイルマニュアル（*"IEEE Editorial Style Manual"*, The Institute of Electrical and Electronics Engineers）にも、「限定詞節にはthat、非限定詞節にはwhichを使い、whoはいずれにもなり得る。」と書かれています。

（2）関係副詞

■関係副詞の種類

　関係詞節の中で代名詞の役割を果たすのが関係代名詞でしたが、関係副詞は、関係詞節の中で「前置詞＋関係代名詞」、つまり「副詞」の役割を果たします。at which、in whichなどと関係代名詞が前置詞を伴うとき、説明先が場所であったり、時であったりするように意味が明白な場合に使用できるのが関係副詞なのです。関係代名詞の場合と同様に、関係副詞節によって説明される名詞のことを「先行詞」と呼びます。ここでは、技術文書の英文で使う頻度が高い関係副詞に焦点をあてて説明します。

	先行詞	関係副詞
場所	場所を表す語	where
時	時を表す語	when
理由	reason(s)	why
方法	なし	how

■関係副詞の限定用法・場所

　関係副詞は、副詞の役割で名詞に説明を加えます。

　例えば、「スマートフォンの画面上で特定のジェスチャーをすると、プリインストールされたアプリが並ぶ画面に移動する。」と書きたい場合、「画面」を説明する「アプリが並ぶ（ところの）」という節を関係副詞を使って作ります。

　関係副詞の限定用法の場合、関係副詞節によって、必須の説明を先行詞に加えます。

> 《アプリが並ぶ（ところの）》⇒画面
>
> A specific gesture on your smartphone screen takes you to
> the screen ⇐《**where** preinstalled apps are housed》.
> 　先行詞　　　　　　　　　　　　関係副詞節

　関係副詞節《where preinstalled apps are housed》は、preinstalled apps are housed there（プリインストールされたアプリが並ぶ）の中の副詞there（そこで）を関係副詞whereに置き換えた形です。したがって、whereは、関係副詞節の中で「副詞」のように働くと考えることができます。関係副詞の場合にも、丁寧に元の2文を理解し、共通項（下線部分）をつなぐ手順を踏むのがよいでしょう。つまり、A specific gesture on your smartphone screen takes you to <u>the screen</u>. <u>In this screen</u>, preinstalled apps are housed.を作成し、後者の下線部分を関係副詞whereに置き換えます。

　また、場所を表す関係副詞は、次のように、前置詞＋関係代名詞whichで表現することも可能です。そこで、前置詞が表す関係を明示したい場合には、関係代名詞を選択します。なお、前置詞を伴う関係代名詞の場合には、whichをthatに置き換えることはできません。

> 《アプリが並ぶ（ところの）》⇒画面
>
> A specific gesture on your smartphone screen takes you to
> the screen ⇐《**in which** preinstalled apps are housed》.
> 　先行詞　　　　　　　　　　　　関係代名詞（＋前置詞）節

■ 関係副詞の限定用法・時

　同様に、例えば、「カメラのボタンを押すタイミングによって、完璧な自撮り写真が撮れるかどうかが決まる。」と書きたい場合、「タイミング」を説明する「カメラのボタンを押す」という節を、関係副詞を使って作ります。

235

〈カメラのボタンを押す〉⇒タイミング

Capturing a perfect selfie relies on the <u>timing</u> ⇐〈**when** you press

先行詞　　　　　　　関係副詞節

<u>the camera button</u>〉.

　ここでも、Capturing a perfect selfie relies on <u>the timing</u>. <u>At the timing</u>, you press the camera button.という2つの文が成り立つことを確認してから、共通項を関係副詞whenでつなぎます。

　また、時を表す関係副詞は、次のように、前置詞＋関係代名詞which で表現することも可能です。

〈カメラのボタンを押す〉⇒タイミング

Capturing a perfect selfie relies on the <u>timing</u> ⇐〈**at which** you

先行詞　　　　　　関係代名詞
（＋前置詞）節

<u>press the camera button</u>〉.

■ 他の関係副詞：理由・方法

　「生成AIによって学生の学び方が変わる可能性がある。特定の教科を学ぶ理由に疑問を抱く学生もいるかもしれない。」と書きたい場合、「学生の学び方」と「学ぶ理由」を関係副詞を使って作ります。

Generative AI may transform how students learn. Some students may question why they need to learn certain subjects.

■ 関係副詞の非限定用法

ホーム画面（付加説明：プリインストールされたアプリが並ぶ）
A specific gesture on your smartphone screen takes you to the home screen, where preinstalled apps are housed.

この文のメインメッセージは、A specific gesture on your smartphone screen takes you to the home screen.（スマートフォンの画面上で特定のジェスチャーをすると、ホーム画面に移動する。）です。非限定用法の説明先は、関係副詞節を取り除いても、それ単体で意味が伝わる必要があります。そこで、固有名詞やthe home screen（ホーム画面）といった具体的な名詞を使います。

関係詞はパズルの組み立てが重要

　関係代名詞・関係副詞は、足さず、引かずに該当部分を置き換えることが重要です。次の2つの文章の共通項（下線部）に着目して、関係代名詞または関係副詞を使って1文につないでみましょう。

- The most common type of muscular dystrophy is Duchenne muscular dystrophy. This disease typically affects males at around the age of four.
（最も一般的な型の筋ジストロフィーはデュシェンヌ型筋ジストロフィーであり、この病気は4歳前後の男児に発症することが多い。）
⇒ The most common type of muscular dystrophy is Duchenne muscular dystrophy, which typically affects males at around the age of four.

- The earth's atmosphere is composed of several layers. One of these layers is the ionosphere.
（地球の大気はいくつかの層から構成されており、うち1つが電離層である。）
⇒ The earth's atmosphere is composed of several layers, one of which is the ionosphere.

- Newton's second law of motion is expressed as $F = ma$. In this formula, F is force, m is mass, and a is acceleration.
（ニュートンの運動第二法則は、$F=ma$で表され、Fは力、mは質量、aは加速度を意味する。）
⇒ Newton's second law of motion is expressed as $F = ma$, in which F is force, m is mass, and a is acceleration.
または
Newton's second law of motion is expressed as $F = ma$, where F is force, m is mass, and a is acceleration.

（3）ライティング練習問題

関係代名詞または関係副詞を使って、次の和文の内容を英語で書いてみましょう。

(a) 酸素、水素、窒素は、常温では液化できない気体である。
〈酸素 = oxygen、水素 = hydrogen、窒素 = nitrogen、常温 = room temperature、気体 = gas、液化する = liquefy〉
答 [　　　　　　　　　　　　　　　　　　　　　　　　　]

(b) 炭素繊維複合材料は、強度が高く軽量のため、航空宇宙、自動車、スポーツ用品に不可欠な材料である。
〈炭素繊維複合材料 = carbon fiber composite、強度が高い = strong、軽量 = lightweight、航空宇宙 = aerospace、自動車 = automotive、スポーツ用品 = sports equipment〉
答 [　　　　　　　　　　　　　　　　　　　　　　　　　]

(c) 融点とは、大気圧下で固体が液体に変化する温度である。
〈融点 = melting point、大気圧 = atmospheric pressure、固体 = solid、液体 = liquid〉
答 [　　　　　　　　　　　　　　　　　　　　　　　　　]

(d) 超伝導とは、導電材料が電気の通過に対して通常持っている抵抗を失う現象である。
〈超伝導 = superconductivity、導電材料 = conductive material、電気 = electricity、通過 = passage、抵抗 = resistance、現象 = phenomenon〉
答 [　　　　　　　　　　　　　　　　　　　　　　　　　]

(e) スマートウォッチを着けていると、日々のトレーニングを開始・終了した時刻が自動的に記録される。
〈スマートウォッチ = smartwatch、トレーニング = workout、日々の =

238

daily、自動的に＝automatically、記録する＝record〉

答［　　　　　　　　　　　　　　　　　　　　　　　　　　　　　　　　　］

解 答

⒜ Oxygen, hydrogen, and nitrogen are gases that cannot liquefy at room temperature.

解説 関係代名詞の限定用法を使って、「気体」に説明を加えます。主格の関係代名詞・限定用法にthatを使います。Oxygen, hydrogen, and nitrogen are gases.とThe gases cannot liquefy at room temperature.の2つの文を作成してから共通項を関係代名詞でつなぎます。gas（気体）には可算と不可算の両方がありますが、ここでは可算で3種類の気体であることを明示します。temperature（温度）にも可算と不可算の両方がありますが、室温の詳しい値を示しているわけではないため不可算で扱い、無冠詞単数形とします。liquefy（液化する）には自動詞と他動詞の両方がありますが、自動詞で使うことで受動態を避けます。

⒝ Carbon fiber composites, which are strong and lightweight, are crucial in aerospace, automotive, and sports equipment.

解説 Carbon fiber composites are strong and lightweight.とCarbon fiber composites are crucial in aerospace, automotive, and sports equipment.の2つの文を作成してから共通項を関係代名詞でつなぎます。「炭素繊維複合材料（carbon fiber composites）」に対して「強度が高く軽量のため」という付加情報を加えると考え、コンマを使った非限定用法を使用します。

⒞ The melting point is the temperature at which a solid changes to a liquid at atmospheric pressure.

解説 関係代名詞＋前置詞を使って「温度」を説明します。The melting point is the temperature.とA solid changes to a liquid at the temperature（固体はその温度で液体に変わる）の2つの文をつなぎます。

(d) Superconductivity is the phenomenon in which a conductive
material loses its normal resistance to the passage of electricity.

解説 関係代名詞＋前置詞を使って「現象」を説明します。Superconductivity is the phenomenon. と A conductive material loses its normal resistance to the passage of electricity in the phenomenon（導電材料は、その現象において電気の通過に対して通常持っている抵抗を失う）の2つの文をつなぎます。

(e) A smartwatch automatically records the time when the wearer
starts and ends daily workouts.

解説 関係副詞whenを使ったthe time whenは、関係代名詞＋前置詞のthe time at whichと同義です。the timeを省略してA smartwatch automatically records when…とすることもできます。なお、関係副詞や関係代名詞を使わない場合には、A smartwatch automatically records the start and end times of the wearer's daily workouts.と表現することが可能です。

> ### 関係代名詞と関係副詞の**POINT**
> - 関係詞節の中で、関係代名詞は「代名詞」として働き、関係副詞は「副詞」として働く。
> - 名詞を限定的に説明する限定用法と、名詞を付加的に説明する非限定用法がある。
> - 先行詞「人以外」の主格と目的格の関係代名詞では、限定用法にthat、非限定用法にwhichを使い分ける。

関係代名詞限定用法と非限定用法それぞれの用途

用途を理解して使いこなす

名詞に説明を加える関係代名詞の基礎の組み立てを習得し終えたら、実務の現場での各表現の利点を知っておくと便利です。それぞれ、次の用途があります。

限定用法
- 主語を定義する
- 必須の情報を流れよく読ませる

非限定用法
- 因果関係を自然に伝える
- 情報の重さを自在に整える

限定用法は必須の情報であるため、基本的に読み飛ばされることはありません。一方、非限定用法は付加的な説明のため、その部分はサブの情報としてとらえられ、メインの情報に焦点をあてて読まれます。サブの情報だからといって読み飛ばされるわけではありませんが、メインの情報との関係に着目しながら読まれることでしょう。それぞれの利点を生かした上記の用途を詳しく説明します。

限定用法で主語を定義する

「〜とは、〜である」というように主語を定義する際に、関係代名詞の限定用法で名詞を説明すると効果的です。

Hydrogen is an energy carrier that can store, transport, and deliver energy produced from other sources.
（水素は、他のエネルギー源から生産されたエネルギーを貯蔵、輸送、供給できるエネルギーキャリアである。）

「水素」が「エネルギーキャリア」であること、そして「エネルギーキャリア」の具体的な動作を明確に伝えることができます。

限定用法で必須の情報を流れよく読ませる

　文の後半に出てきた名詞に関係代名詞を足し、必須の情報として読み飛ばされないように表現すると効果的です。

> Numerous companies use cloud computing solutions that improve data accessibility and reduce IT costs.　…○
> （多くの企業がクラウドコンピューティングを採用し、データへのアクセス性を向上させ、ITコストを削減している。）

　文のはじめに配置された重要情報であるNumerous companies use cloud computing solutions（多くの企業がクラウドコンピューティングを採用している。）に対して、限定用法で必須の情報を追加することで、等位接続詞andで情報を足したり、従属接続詞becauseで情報を足したりする場合よりも流れよく情報を読ませることができます。比較しましょう。

〈and〉
Numerous companies use cloud computing solutions <u>and</u> improve data accessibility and reduce IT costs.

〈because〉
Numerous companies use cloud computing solutions <u>because</u> they improve data accessibility and reduce IT costs.

　andを使うと2つの異なる情報が並列になってしまい、情報がどこにあるかが読み取りづらくなる可能性があります。becauseだと情報の配置がわかりやすくなりますが、因果関係が強調されて、読みづらくなってしまいます。そこで、読ませたい情報を関係代名詞thatを使って足すことで、「クラウドコンピューティングによってデータへのアクセス性が向上し、ITコストを削減できるため、多くの企業が採用している」というニュアンスが上手く表されます。

非限定用法で因果関係を自然に伝える

　事象を詳しく説明して因果関係を伝える際、becauseといった言葉に

よって因果関係を読み手にわからせるのではなく、情報を素早く、読みやすい形で提供することで、因果関係が自然に表されるのが技術文書における望ましい描写といえます。非限定用法を使えば、素早く内容が読み手に届き、具体的な情報によって自然に因果関係が構築されます。

Electric vehicles (EVs), which are powered by batteries and produce zero emissions, have the potential to significantly reduce environmental pollution and greenhouse gas emissions.　••• ○
（電気自動車はバッテリーを動力源とし、排出量ゼロを特徴としているため、環境汚染と温室効果ガスの排出を大幅に削減できる可能性がある。）

therefore（故に）やbecause（〜であるため）を使って因果関係を表すよりも、自然に情報を読ませることができます。比較しましょう。

〈therefore〉
Electric vehicles (EVs) are powered by batteries and produce zero emissions. Therefore, EVs have the potential to significantly reduce environmental pollution and greenhouse gas emissions.

〈because〉
Electric vehicles (EVs) have the potential to significantly reduce environmental pollution and greenhouse gas emissions because they are powered by batteries and produce zero emissions.

thereforeが表す意味は「論理的結果または結論（英英辞書Collins Dictionary）」です。becauseは、他の接続詞asやsinceと比較して最も強い因果関係を表します（ウィズダム英和辞典第4版）。因果関係を強調したい場合には便利に使えますが、使いすぎると読みづらくなってしまいます。加えて、「排出量ゼロ」と「環境汚染と温室効果ガスの排出を大幅に削減できる」との間に必然的な因果関係があるか、または行間を読ませているかを判断するのがむずかしい場合にも、関係代名詞非限定用法の使用がおすすめです。

非限定用法で情報の重さを自在に整える

　さらに、非限定用法には文のメイン情報とサブ情報を視覚的に分ける効果があります。

> Alzheimer's disease, which is a common type of dementia, starts slowly and progressively worsens over time.
> （一般的な認知症の一種であるアルツハイマー病は、ゆっくりとはじまるが、時が経つと進行して悪化する。）

　メインメッセージは「アルツハイマー病はゆっくりとはじまるが、時が経つと進行して悪化する。」

> Alzheimer's disease, which starts slowly and progressively worsens over time, is a common type of dementia.
> （ゆっくりとはじまるが、時が経つと進行して悪化するアルツハイマー病は、一般的な認知症の一種である。）

　メインメッセージは「アルツハイマー病は一般的な認知症の一種である。」

　このように、メインのメッセージが何かを自在に示すことができ、多少長い文章であっても、視覚的に読み取りやすくなります。

　関係代名詞の限定用法と非限定用法を上手く使いこなすことで、詳細な情報を読み手に効果的に届けることができるのです。

第**4**章

ライティングの応用

技術文書には、技術論文、プロポーザル（提案書）、マニュアル（説明書）、仕様書、技術報告書といった様々な種類の文書があります。これらの文書を正確・明確・簡潔に書くための要点は次の通りです。

（1）作成する技術文書の読み手を知る

わかりやすい技術文書を書くためには、「読み手」について知ることが重要です。技術文書の種類によって読み手が異なります。作成する技術文書の対象となる読み手を知ることで、読み手が必要な内容を、読み手にとってわかりやすい書き方で提供することができます。

（2）作成する技術文書の構成や特徴を知る

各種技術文書は、それぞれ異なる用途で書かれます。用途に応じて、技術文書の構成や使われる文体が異なります。作成する技術文書の構成や文体の特徴を知ることで、読み手にとってわかりやすく、用途に応じた表現方法で技術内容を提供することができます。

（3）3Cのテクニックを使う

技術文書の作成にあたっては、その種類に関わらず、3つのC（Correct, Clear, Concise）のテクニック（第1章 p.25「Correctのテクニック」、同 p.42「Clear & Conciseのテクニック」参照）を共通して使うことが大切です。3Cのテクニックを使って書くことで、読み手の労力と時間を最小限にし、読み手にとってわかりやすい方法で内容を提供することができます。

本章では、技術論文、プロポーザル（提案書）、マニュアル（説明書）、仕様書、技術報告書のそれぞれの概要と特徴を説明します。具体的には、各技術文書の主な内容と標準的な構成、対象となる読み手、そして構成項目の詳細や使用する文体を説明します。また、各節に設けたライティング練習問題を通じて、各技術文書に3Cのテクニックを使う方法を紹介します。

では、日本の技術を世界に発信するために重要な役割を果たす「技術論文」から始めましょう。

1. 技術論文

（1）技術論文の概要

■ 技術論文は研究成果を論じる
　技術論文とは、技術者の研究成果を論理的に伝えるものです。英語の技術論文は、研究が国際的に認められるために重要な役割を果たします。

■ 技術論文の対象読者
　技術論文は、一般に、学会誌や科学雑誌に掲載されます。技術論文の読み手は、出版されたその雑誌を読む技術者となります。そこで、関連する技術分野について、ある程度の知識を持っている読み手が想定できます。

　しかし、関連する技術分野の知識を持っている読み手を想定した場合でも、次々に出版される多数の技術論文に目を通す読み手の労力を考えると、短時間でやさしく読める書き方をするべきです。

　また、技術分野の異なる人が読み手となる可能性もあるため、技術論文は、技術分野で使用される適切な用語を使った上で、主題となる技術が容易に伝わる方法で記載することが大切です。

■ 技術論文の構成
　技術論文は、主に次の項目から構成されます。

❶Title（表題）
❷Authors（著者）
❸Abstract（要旨）
❹Text（本文）

④-1 Introduction（序論）
④-2 Experimental（実験に関して）
④-3 Results and Discussion（結果と考察）
④-4 Conclusion（結論）
⑤Acknowledgements（謝辞）
⑥Figures and tables（図表）
⑦References（参考文献）

■ 投稿規定について

　技術論文を構成する項目は、投稿する学会誌や科学雑誌に応じて、学会や協会による投稿規定に規定されます。投稿規定をよく読んで、それに従って書く必要があります。投稿規定を守っていないという理由で技術論文が受理されないことがあるので、注意が必要です。

　投稿規定は、英語でInstructions to Contributors、Instructions for Authors、Notes for Authorsなどと言います。

　一例として、自然科学雑誌*Nature*の投稿規定の一部を読んでみましょう。

　*Nature*の投稿規定には、技術論文の詳細なフォーマットだけでなく、技術論文を「明確で簡潔に」記載するべきであることも規定されています。

　（以下の引用は、"Formatting Guide" https://www.nature.com/nature/for-authors/formatting-guideより、2024年1月閲覧）

◉ 「Readability（読みやすさ）」についての規定

Readability

Nature is an international journal covering all the sciences. Contributions should therefore be written clearly and simply so that they are accessible to readers in other disciplines and to readers for whom English is not their first language.

　参考訳　読みやすさ

　　*Nature*は、科学のあらゆる分野を網羅する国際的な定期刊行誌です。し

たがって、他の分野の読み手や英語を母国語としない読み手にも理解できるよう、投稿論文は、明確で簡潔に書いてください。

◉ 「Titles（表題）」についての規定

Titles
Titles do not exceed two lines in print. This equates to 90 characters (including spaces) for Letters, or 75 characters (including spaces) for Articles. Titles do not normally include numbers, acronyms, abbreviations or punctuation. They should include sufficient detail for indexing purposes but be general enough for readers outside the field to appreciate what the paper is about.

参考訳　表題
2行を超えないようにしてください。Lettersの場合は90文字（スペース含む）、Articlesの場合は75文字（スペース含む）以内となります。表題は、通常、番号、頭字語、略語、句読点を含まないようにしてください。表題は、索引として使えるように十分に説明的に書く必要がありますが、専門分野外の読者にも論文の概要が理解できるように一般的な書き方をしてください。

◉ 「Acknowledgements（謝辞）」についての規定

Acknowledgements should be brief, and should not include thanks to anonymous referees and editors, inessential words, or effusive comments. A person can be thanked for assistance, not "excellent" assistance, or for comments, not "insightful" comments, for example.

参考訳　謝辞は、簡潔に書いてください。名を知らないレフェリー（査読者）や編集者へのお礼の言葉、大げさな文言などを含めないでください。例えば、すばらしい援助に対して感謝する、と書かずに、援助に対して感謝する、

と書いてください。洞察力のある助言に対して感謝する、と書かずに、助言に対して感謝する、と書いてください。

◉ 「References（参考文献）」についての規定

References
References are each numbered, ordered sequentially as they appear in the text, methods summary, tables, boxes, figure legends, Methods, Extended Data tables and Extended Data figure legends.
When cited in the text, reference numbers are superscript, not in brackets unless they are likely to be confused with a superscript number.

参考訳 参考文献
それぞれに番号を付し、論文中の本文、方法の概要、表、囲み記事、図の説明文、方法、拡張データ表、拡張図の説明文に出てきた順番に並べてください。
参考文献の番号を本文で引用する場合、上付き番号を使って表記してください。本文中に上付き番号があって紛らわしい場合にのみ、括弧内に表記してください。

（2）技術論文の特徴

■各構成項目の詳細
技術論文を構成する項目のうち、❶Title（表題）、❸Abstract（要旨）、❹-1 Introduction（序論）、❹-2 Experimental（実験に関して）、❹-3 Results and Discussion（結果と考察）、❹-4 Conclusion（結論）、❺Acknowledgements（謝辞）、❼References（参考文献）について、内容や注意するべき点を詳しく説明します。

❶Title（表題）

技術論文の内容を要約したものです。長すぎてはいけませんが、ある程度、技術論文の内容が予測できるような説明的なものとします（p.249「『Titles（表題）』についての規定」参照）。

「～についての研究（Study on …やResearch into …）」などの言葉を控え、検索にかかるキーワードを多数入れるようにしましょう。

〈好ましいTitleと好ましくないTitleの例〉

好ましい	好ましくない
Reconfigurable moiré nanolaser arrays with phase synchronization （位相同期を用いた再構成可能なモアレ・ナノレーザー・アレイ） *Nature*, 624, Dec 13 2023	Study on moiré nanolaser array （モアレ・ナノレーザー・アレイの研究）
Identifying inter-seasonal drought characteristics using binary outcome panel data models 二値結果パネルデータモデルを用いた季節間干ばつ特性の同定 *GEOCARTO INTERNATIONAL*, 38 (1), Dec 31 2023	Research into inter-seasonal drought characteristics （季節間干ばつ特性の研究）

❸Abstract（要旨）

技術論文全体の内容を要約したパラグラフです。限られたワード数の範囲内で、技術論文の内容を短時間で読み手に知らせ、技術論文全体を読むように説得するための重要な項目です。

Abstract（アブストラクト）には主に次の内容を含めます。

- 主題や問題の提示（論文本文の「序論」に相当）
- 実際に何を行ったかの説明（論文本文の「方法」に相当）
- 主要な結果や示唆の提示（論文本文の「結果と考察」に相当）

Abstractは、技術論文の書き始めに書くのではなく、書き終えた後に全体をまとめるようにして書きます。

Abstractの英語表現上のポイントは、「簡潔性」と「時制」です。

〈Abstractの簡潔性〉

指定のワード数の範囲内で技術論文の内容を読み手に知らせるために、Abstractは特に簡潔に書く必要があります。例えば、先にTitleを紹介したAbstractから、①主題や問題の提示、②実際に何を行ったかの説明、③主要な結果や示唆の提示、を示す1文をそれぞれ抜粋します（和訳は本書の筆者）。

Nature, 624, Dec 13 2023

① Miniaturized lasers play a central role in the infrastructure of modern information society.
（小型レーザーは、現代の情報化社会のインフラにおいて中心的役割を果たしている。）

② Here we propose and demonstrate moiré nanolaser arrays based on optical flatbands in twisted photonic graphene lattices, in which coherent nanolasing is realized from a single nanocavity to reconfigurable arrays of nanocavities.
（そこで、ツイストフォトニックグラフェン格子の光フラットバンドに基づくモアレ・ナノレーザー・アレイを提案・実証する。それにより、単一ナノ共振器から再構成可能ナノ共振器アレイまでのコヒーレントなナノレーザー技術が可能になる。）

③ Our work lays the foundation for the development of reconfigurable active devices that have potential applications in communication, LiDAR (light detection and ranging), optical computing and imaging.
（本研究は、通信、LiDAR（光検出と測距）、光コンピューティング、イメージングに応用可能な再構成可能アクティブ・デバイスの開発の基礎となるものである。）

解説 ①②③ともに、SVO構文の能動態を使って動詞を活かして表現しています。英語論文の主語は基本的に技術といった無生物となりますが、②では、実際に何を行ったかの説明に一人称weを使うことによって、論文の著者らが行った内容を記した箇所を目立たせています。③でも、Our workという主語に一人称（著者ら）を含めて強調しています。Our work lays the foundation for…（本研究によって～の基礎が築かれる）は定番表現ともいえます。

GEOCARTO INTERNATIONAL, 38 (1), Dec 31 2023

① This study mainly focuses on spatiotemporal and inter-seasonal meteorological drought characteristics.
（本研究は、主に時空間および季節間の気象学的干ばつ特性に関するものである。）

② Random Effect Logistic Regression Model (RELRM) and Conditional Fixed Effect Logistic Regression Model (CFELRM) are used to identify the spatiotemporal and inter-seasonal characteristics of meteorological drought in selected stations.
（ランダム効果ロジスティック回帰モデル（RELRM）と条件付固定効果ロジスティック回帰モデル（CFELRM）を用いて、選択した観測点における気象学的干ばつの時空間的・季節間的特性を明らかにした。）

③ The significant coefficient from CFELRM indicates that an increment in moisture conditions of the spring season will decrease the probability of drought in the summer.
（CFELRMから得られる有意係数によると、春季の水分状態が増加すれば、夏季の干ばつ確率が減少する。）

解説 ①主題をスムーズに導入するThis study focuses on…（本論文は～に関するものである）は書き出しの定番表現といえます。②では、具体的に使った手法を受動態で示し、何のために使ったかをto identify the characteristics…で明示しています。③「無生物主語＋indicates that 主語＋動詞」という定番表現で、「〜によると、〜が示された・されている」を示しています。

〈Abstractの時制〉

　和文のAbstractでは、一貫して過去形が使われていることがあります。つまり、「〜を行った。その結果、〜がわかった。〜であった」のように書かれていることがあります。

　一方、英語の過去形は「現在とは切り離されたこと」を意味します（第2章 p.143「時制」参照）。つまり、「今とは関係のないこと」といった印象を与えてしまいます。

　Abstractは、技術論文全体を読むように読み手を説得する必要があるため、過去形を不用意に使用しないよう注意します。過去形の使用は、過去の事象である「実験」に関する記載などに限定します。過去の事象が現在まで継続していると考える場合には現在完了形が使えます。過去の事象を普遍的な事実と考える場合には現在形が使えます。

　例えば、次の例で和文では過去形が使われていますが、英文では過去形を使わずに書くことができます。

(a)　著者らは今回、ケイ素蓄積を制御しているイネの遺伝子を見つけた。

(b)　本研究によって、プレート境界における剪断（せんだん）応力が微動の引き金になり得ることが示された。

(a)　The authors have identified a rice gene responsible for regulating silicon accumulation.

(b)　Our findings indicate that shear stress at the plate boundary can trigger microseisms.

解説

(a)　今回の発見が現在も影響を与えていると考え、現在完了形を使うことができます。

(b)　主語Our findings（知見）がindicate（示す）と表現することにより、現在形を使って表現できます（このような無生物主語を使った表現については、p.263「国際ジャーナルに見る無生物主語構文」参照）。

❹-1　Introduction（序論）

技術論文全体を読むために必要な知識を読み手に提供します。Abstractと同様、技術論文全体を読むように読み手を説得するための重要な項目です。

Introductionでは、主に、次の内容を説明します。

> ● 研究の主題
> ● その主題を取り上げた動機
> ● その主題の重要性
> ● 従来の研究との関係
> ● 主題に関して何を行うか

〈Introductionの時制〉

Introductionで使う英語の時制は、主に「現在形」と「現在完了形」です。現在の事実には「現在形」、過去の事象が現在も継続している場合には「現在完了形」を使います。

主題となる研究と比較するために従来の研究について説明する際、従来の研究について、和文では過去形を使う傾向があります。英文では、過去形は、現在とは切り離された事象を表します。

したがって、Introductionでは、現在と切り離された過去の事象のみに過去形を使用します。例えば、「①過去は〜であった。②しかし今は、〜である」というように、①が現在とは切り離された過去の事象である場合には、①には過去形を使います。

一方、従来の研究であっても、現在の事実と考える、または過去の事象が現在も継続していると考え、「現在形」や「現在完了形」で書ける場合があります。例えば、「①従来の技術では〜であった。②しかし本研究による技術では〜である」という場合、「従来の技術が〜であった」

ことは現在も継続している事実です。したがって、①には、現在形や現在完了形を使うことができます。

❹-2 Experimental（実験に関して）

実験に基づく研究の場合に必要な項目です。実験に使用した装置や手段、実験の理論やモデルについて説明します。

〈Experimentalの時制〉

Experimentalで使う英語の時制は、過去形や現在形、現在完了形です。

実験の報告や実験結果の報告に対しては、過去に行った事象の報告として、基本的に過去形を使います。また、現在も継続している事象と考えて現在完了形で書くことも可能です。一方、理論試験には現在形を使います。

また、実験方法について、その方法が再現可能な場合、普遍的な事実として現在形で書くことも可能です。

❹-3 Results and Discussion（結果と考察）

実験などで得た結果を提示し、実験結果を解釈して論じます。

〈Results and Discussionの時制〉

Results and Discussionで使う英語の時制は、過去形や現在形や現在完了形です。実験結果の報告に対しては、過去に行った事象の報告なので、過去形を使います。また、普遍的な事実と考えて現在形を使うこともできます。

実験結果を解釈して論じる考察部分は「過去のこと」ではなく「現在のこと」として、現在形を使って書きます。

和文では、考察にも、「～がわかった」などと過去形が使われることがあるので、過去形が必要以上に増えてしまわないように注意が必要です。

❹-4　Conclusion（結論）

　論文の主な点を列挙し、その重要性を強調します。また、将来の研究への影響を説明します。

〈Conclusionの時制〉

　Conclusionで使う英語の時制は、現在完了形、現在形、そして、未来への言及や可能性を表す助動詞表現です。

　行った実験や研究の内容については現在完了形または現在形を使い、その重要性に関する事実などには現在形を使います。

　今後の予定や将来の展望は、「書き手の考え」を伝える助動詞を使うことができます。助動詞willを使うと、未来への強い意志を表すことができます。助動詞canを使うと、可能性を表すことができます。

　なお、読み手に対して強い印象を残すためには、would, might, couldといった助動詞の過去形（第3章 p.176「助動詞の過去形 would, might, could」参照）でConclusion（結論）をしめくくるのは控えましょう。

❺Acknowledgements（謝辞）

　Acknowledgements（謝辞）は、研究への技術的・財政的援助や指導・協力に対する感謝を表します。

　和文の謝辞では、お礼の言葉を多く盛り込んだ大げさな書き方が好まれる傾向があります。一方、英文では、誰（またはどの組織）が何を行ってくれたかについて、事実を明確に伝えることに焦点を置き、明確で簡潔に書くことが好まれます（p.249「『Acknowledgements（謝辞）』についての規定」参照）。

❼References（参考文献）

　References（参考文献）は、論文中で引用した文献をリストする項目です。投稿規定に従い、各文献を正しく記載します（p.250「『References（参考文献）』についての規定」参照）。

（3）ライティング練習問題

　時制に注意しながら、技術論文の一文を英語で書いてみましょう。難しい日本語は英語で表現しやすい形に書き換えると良いでしょう。

(a)　携帯型の大容量エネルギー貯蔵装置がますます必要になる中、高効率な電池システムの開発が求められている。
〈携帯型の＝portable、大容量エネルギー貯蔵装置＝large-scale energy storage device、高効率＝highly efficient、電池システム＝battery system〉
答［　　　　　　　　　　　　　　　　　　　　　　　　　　　　　］

(b)　太陽光発電システムをモデル化するにあたり、可変の太陽光発電パラメータを明らかにする必要がある。
〈太陽光発電システム＝solar system、モデル化する＝model、可変の＝variable、太陽光発電パラメータ＝photovoltaic parameter〉
答［　　　　　　　　　　　　　　　　　　　　　　　　　　　　　］

(c)　本論文では、乳がんと診断されてから6ヶ月以上経過した患者に対する代替療法のリスクとメリットを調べた。
〈本論文＝this paper、乳がん＝breast cancer、診断する＝diagnose、患者＝patient、代替療法＝alternative therapy、リスク＝risk、メリット＝benefit〉
答［　　　　　　　　　　　　　　　　　　　　　　　　　　　　　］

(d)　腎生検の電子顕微鏡画像1000枚を用いて複数のディープラーニングモデルの訓練を行い、異常を検出できるようにした。
〈腎生検＝renal biopsy、電子顕微鏡画像＝electron microscopy image、ディープラーニングモデル＝deep learning model、異常＝anomaly〉
答［　　　　　　　　　　　　　　　　　　　　　　　　　　　　　］

(e) 我々の研究によると、アルツハイマー病が進行すると起こる記憶喪失という症状を予防するまたは遅らせることができる可能性が出てきた。

〈アルツハイマー病＝Alzheimer's disease、記憶喪失＝permanent memory loss、症状＝symptom〉

答［   ］

解答

(a) The increasing need for portable and large-scale energy storage devices requires the development of highly efficient battery systems.

解説 「携帯型の大容量エネルギー貯蔵装置の高まる必要性が、高効率な電池システムの開発を必要としている。」というように日本語を組み立て直してから英語にするとよいでしょう。the development（開発）は冠詞theを省くことも可能です。theを使うと「高効率な電池システムの開発」をひとまとめに読ませることができます。下の国際ジャーナルのようにtheを使わない場合には、「開発」→「高効率な電池システムの」というように、区切りながら読ませることができます。

参考（国際ジャーナルに掲載された論文アブストラクトより）
The increasing need for portable and large-scale energy storage systems requires development of highly efficient battery systems.

Dynamic Nuclear Polarization in battery materials.
SOLID STATE NUCLEAR MAGNETIC RESONANCE, 117, Feb 2022

(b) Modeling solar systems requires the identification of variable photovoltaic parameters.

解説 「モデル化（modeling）」を主語にすることで、簡潔に表現できます。仮主語を使った次のような表現を避けられます。

In order to model solar systems, it is necessary to identify variable photovoltaic parameters.   ⋯ ✗

動詞はrequire（必要とする）の他にも、necessitateやinvolveを使う
ことができます。

> 参考（国際ジャーナルに掲載された論文アブストラクトより）
> Modeling solar systems necessitates the effective identification of
> unknown and variable photovoltaic parameters.
>
> Multi-Strategy Learning Boosted Colony Predation Algorithm
for Photovoltaic Model Parameter Identification. Sensors, 22(21), Nov 2022

(c) This paper investigates the risks and benefits of alternative
therapies for patients who have been diagnosed with breast
cancer for at least 6 months.

解説 「本研究」を主語にできます。「調べた」はThis paper investigates
…やexamines…とすることで、過去形や受動態の使用を控えることがで
きます。「6ヶ月以上経過した患者」は関係代名詞を使って「患者」を説
明することが有効です。その際、現在に視点を置いて描写できる現在完
了形を使うことで、「6ヶ月以上経過した」を適切に表現できます。

(d) Deep learning models were trained to detect anomalies using 1000
electron microscopy images of renal biopsies.
または
Deep learning models are trained to detect anomalies using 1000
electron microscopy images of renal biopsies.
または
Our study uses 1000 electron microscopy images of renal biopsies
to train deep learning models to detect anomalies.

解説 論文本文の「方法（method）」の部分では過去形と受動態を使っ
た1つ目の英文が適切です。「アブストラクト」の場合、過去形・受動態
に加えて、現在形を使い、受動態または能動態で表現する2つ目または3
つ目の英文も可能です。

参考（国際ジャーナルに掲載された論文アブストラクトより）

Three deep learning models are trained to classify whether the electron-dense granule is present using 910 electron microscopy images of renal biopsies.

Deep learning-based multi-model approach on electron microscopy
image of renal biopsy classification. *BMC NEPHROLOGY*, 24 (1), May 9 2023

(e)　Our findings raise the possibility of preventing or delaying the permanent memory loss that typically occurs in the later stages of Alzheimer's disease.

　　　または

　　　Our findings suggest the possibility of preventing or delaying the permanent memory loss that typically occurs in the later stages of Alzheimer's disease.

　　　または

　　　Our study shows the potential to prevent or delay the permanent memory loss that typically occurs in the later stages of Alzheimer's disease.

解説 Our findings raise/suggest the possibility of… やOur study shows the potential to…は、「研究によって示される可能性」を表すことができる定番表現です。raise the possibilityで「起こり得る可能性が高まった」、suggest the possibilityで「起こり得る可能性が示された」、show the potential toで「有望な可能性を秘めている」という意味になります。

技術論文の**POINT**

適切な用語を使用し、技術が容易に伝わる方法で記載。投稿規定に従って書く。

❶論文の内容がわかるTitle（表題）。不要語は避ける。

Importance of 3Cs in Technical Writing in English

Yukiko Nakayam

Technical Communicat

❸Abstract（要旨）では、論文全体の内容を要約。簡潔性に特に注意する。時制にも注意し、論文全体を読ませるために強く魅力ある書き方を。

Abstract

Technical writing in English has three keywords: correctness, clearness, and conciseness. The author….

❹-1 Introduction（序論）では、論文を理解するのに必要な背景知識を読み手に与える。時制は主に現在形と現在完了形。

1. Introduction

Japan has high technological skills, but is un 時制は主に現在形と現在完了形。
poor writing in English. The problem is that…

❹-2 Experimental（実験に関して）では、実験の装置や手段、理論やモデルについて説明。時制は過去形や現在形や現在完了形。

2. Experimental

The author analyzed technica
comparison with similar technical documents written by native writers of
English…

❹-3 Results and Discussion（結果と考察）では、実験結果を提示、議論。時制は過去形や現在形や現在完了形。実験結果の議論には過去形ではなく現在形。

3. Results and Discussion

Table 1 shows words that frequen
Japanese. The results indicate that

❹-4 Conclusion（結論）では論文の主な点を列挙。将来の研究への影響にも言及。時制は現在完了形、現在形、助動詞表現など。

4. Conclusion

The documents written by Japanese differ from
by natives particularly in their use of "verbs" …
to such documents of… will improve the quality o

5. Acknowledgements

The author thanks Y. Matsubara for helpful improvement of the
manuscript.…

6. Figures and Tables

❺Acknowledgements（謝辞）では援助や協力に感謝。大げさな強めの言葉を控えて簡潔に。誰が何をしてくれたかを明示。

7. References

[1]
[2]
…

❼References（参考文献）では、関連文献を正確に挙げる。

（丸付き数字はp.247「技術論文の構成」の番号と対応しています）

国際ジャーナルに見る無生物主語構文

無生物主語・SVO・能動態

　日本語は無生物を主語にすることが少なく、例えば「仕事が私をここに連れてきた」と表現するのは不自然ですが、対する英語は、Business brought me here.と表現できます。このように、無生物である概念や物を主語に活用すると、簡潔に表現でき、必要以上に受動態が増えたり、人の主語が増えたりすることも避けられます。

　以下に英語で書かれた技術論文が掲載されている国際ジャーナルで目にした例文を紹介します。無生物主語、SVO、能動態をどのように使っているか見ていきましょう。

概念を主語にする

(1)　経験豊富な病理医が世界的に足りておらず、現職の専門医の仕事量も多いことにより、デジタル病理学の必要性が高まっている。

The inadequency of experienced pathologists worldwide, combined with the workload of current specialists, **has increased** the need for digital pathology.

Categorization of Breast Carcinoma Histopathology Images
by Utilizing Region-Based Convolutional Neural Networks.
ARABIAN JOURNAL FOR SCIENCE AND ENGINEERING, Nov 2023

解説　「経験豊富な病理医の不足」を主語にできれば、次のような日本語からの直訳を避けられます。主語の選択に加えて、動詞にも着目しましょう。他動詞increaseを活用し、現在完了形で表現しています。

Due to the fact that experienced pathologists are inadequate worldwide and the workload of current specialists is high, the need for digital pathology has been increasing.　⋯ ✕

(2)　リチウムイオン電池（LIB）の動作温度は範囲が本質的に狭いため（例えば25℃〜40℃）、望ましい設計性能を満たすために、専用の熱管理システムが必要になる。

The inherent narrow operating temperature range (e.g., from 25 ℃ to 40 ℃) **necessitates** a dedicated thermal management system for desired and designed LIB performance.

LIB = lithium-ion battery

Thermofluidic analysis and optimization of installation spacing in a multiserpentine channeled cold plate for the liquid cooling of pouch-type battery cells. *NUMERICAL HEAT TRANSFER PART A-APPLICATIONS*, 84, pp.819-836, Mar 2023

解説　「リチウムイオン電池の動作温度は範囲が狭いこと（例えば25℃〜40℃）」を主語することで、次のような複雑な表現を避け、視点を明確に定めた読み取りやすい文を作れます。

Because the operating temperature range is inherently narrow (e.g., 25 ℃ to 40 ℃), it is necessary to develop a dedicated thermal management system for desired and designed LIB performance.　…△

(3)　ディープニューラルネットワークを介した表現学習とクラスタリングの共同処理において、ディープクラスタリングが有望であることが示されている。

Deep clustering **has shown** its promising capability in joint representation learning and clustering via deep neural networks.

Deep image clustering with contrastive learning and multi-scale graph convolutional networks. *PATTERN RECOGNITION*, 146, Feb 2024

解説　「ディープクラスタリング」を主語にして、has shown its promising capabilityのように無生物主語で視点を定めて表現できれば、次のようなit is構文を避けて簡潔にできます。さらには現在完了形の使用、所有格itsを使った目的語が魅力的な文章です。

It is shown that deep clustering is promising in joint representation learning and clustering via deep neural networks. ⋯ ✗

「本稿」や「本研究」も主語にできる

(4) 本稿では、教師あり多視点表現学習のための新しい手法として、各視点の識別と固有構造を保持しつつ、複数の視点を潜在的な共通空間に投影する手法を提案する。

> This paper **presents** a novel method for supervised multi-view representation learning, which projects multiple views into a latent common space while preserving the discrimination and intrinsic structure of each view.
>
> Deep Supervised Multi-View Learning With Graph Priors. *IEEE TRANSACTIONS ON IMAGE PROCESSING*, 33, pp. 123-133, 2024

解説 主語が見つからない場合でも、「本稿」を表すthis paper（paperは論文を表す）を主語にし、動詞present（発表する）などを使ってSVOの文型で表現できます。関係代名詞の非限定用法を使って、「新しい手法」がどのようなものかを読みやすく説明しています（**第3章 p.241スキルアップコラム**「関係代名詞限定用法と非限定用法それぞれの用途」参照）。無生物主語・SVO・能動態を使えば、次のように複雑な直訳を避けられます。

In this paper, a novel method for supervised multi-view representation learning is proposed, as a method for projecting multiple views into a latent common space while preserving the discrimination and intrinsic structure of each view. ⋯ ✗

(5) 本稿では、推論の速度と精度を向上させるために、効率的で強力なモデルを使用した。

This paper **uses** an efficient and powerful model to improve inference speed and accuracy.

MAPoseNet: Animal pose estimation network via multi-scale convolutional attention. *JOURNAL OF VISUAL COMMUNICATION AND IMAGE REPRESENTATION*, 97, Dec 2023

解説 「本稿では、〜を使用した」も論文では頻出する表現です。this paperを主語にし、現在形で動詞useを使うことで、次のようなIn this study, a model was used…のような受動態や、we used …のような人を主語にした表現を減らして簡潔に表現できます。

In this study, an efficient and powerful model was used to improve inference speed and accuracy.　⋯ ✕

In this study, we used an efficient and powerful model to improve inference speed and accuracy.　⋯ ✕

「発見」を主語にする

(6)　これらの結果により、ディープラーニングと事前訓練されたトランスフォーマアプローチを用いて両特徴タイプを統合することで、ネットワーク異常検出の精度を大幅に向上できることがわかった。

These findings indicate that integrating both feature types using deep learning and pre-trained transformer approaches can significantly improve the accuracy of network anomaly detection.

Network intrusion detection system by learning jointly from tabular and text-based features. *EXPERT SYSTEMS*, Dec 2023

解説 「これらの結果（these findings）」を主語に使うことで、次のように人を主語にした過去形の使用を減らすことができます。

Based on these results, we found that integrating both feature types using deep learning and pre-trained transformer approaches can significantly improve the accuracy of network anomaly detection.　⋯ ✕

国際ジャーナルから学ぶ英語論文の表現をさらに詳しく知りたい方は、拙著「テンプレート式 理系の英語論文術 国際ジャーナルに学ぶ伝わる論文の書き方」（中山 裕木子著、講談社 ブルーバックス、2023）をご覧ください。

2. プロポーザル(提案書)

(1) プロポーザルの概要

■ プロポーザル(提案書)は提案を記載する

プロポーザル(提案書)とは、問題解決についての提案を記載するものです。

プロポーザルに記載する提案は、「受け入れられるか」、「拒絶されるか」の判定を受けることになります。提案が受け入れられるためには、提出先の要求を満たすように内容を充実させるのはもちろんのこと、英語表現の工夫によっても、内容を明確に伝え、強い印象を与えることが重要です。

プロポーザルは次の要素からなります。

(a) 問題の確認

研究課題、つまり何を解決したいのかを明確に説明します。

(b) その問題を解決するための計画の説明

研究計画、つまりどのようにして問題を解決するのかを明確に説明します。手段や費用、タイムスケジュールを含めて計画を実行する能力があることを示します。

(c) その問題を解決する意義の説明

研究の意義、つまり、問題の背景や既存の研究との関連などに基づき、その問題を解決することの意義を明確に説明します。

■ プロポーザルの対象読者

　プロポーザルの提出先は、その目的に応じて様々です。企業内で関係部署に対して新企画を提案したり、企業が顧客に新製品を売り込んだり、研究機関において助成金を得る目的で研究を提案したり、目的に応じて提出先が異なります。提出先に応じてプロポーザルの読み手は変わります。

　プロポーザルは、関連する技術分野に詳しい専門家が読み手になる場合もあれば、関連する技術についての知識を有さない人が読み手となる場合もあります。

　時間のない読み手や、プロポーザルの内容の背景知識を有さない読み手に対しても、すばやく内容を伝えるとともに、内容を売り込むための強い書き方をすることが重要です。

■ プロポーザルの構成

　プロポーザルは、主に次の項目から構成されます。

❶Cover Sheet（表紙）	提案内容を表す表題などを示す
❷AbstractまたはSummary（要旨）	提案内容を概説する
❸Table of Contents（目次）	目次を示す
❹Introduction（序論）	問題、問題解決のための方法、問題解決の有効性などを概説する
❺Statement of Problems（問題の提示）	問題を具体的に定義付ける。改善前と改善後の違いを示してプロポーザルの有効性を印象付ける。目的を明示し、達成するための具体的な方法を提示する
❻Methods（方法）	具体的な処理方法を示す。数字やグラフなども利用してわかりやすく書く
❼Justification（妥当性）	提案した方法の妥当性を実証する
❽Resources（対応能力）	プロポーザルの実施にあたって、人材や設備を有することを示す
❾Evaluation（評価）	プロポーザルの有効性を他者の評価を通じて実証する
❿Price Estimation, Time Schedule（費用とスケジュール）	プロポーザル実施にかかる費用、実施スケジュールを提示する
⓫References（参考文献）	参考にした文献をリストする

プロポーザルには、研究を行うための助成金を勝ち取ったり、研究を採用してもらったりする目的があるため、次の項目を含めて説得力を高めます。

- 提案した方法の妥当性を実証する項目
- 提案した方法を実行する人材や設備などの対応能力があることを示す項目
- 提案の有効性を他者の評価で裏付ける項目
- 具体的なタイムスケジュールや費用を明示する項目

　記載する項目は、提案内容や提出先の指定に応じて必要な長さが異なります。短いプロポーザルでは、前ページに示した構成項目のうちのいくつかを省いたり統合したりします。

■ 提案依頼書（RFP）について

　プロポーザルには、自発的に提出するもの（unsolicited proposal）と提案依頼書に応答して提出するもの（solicited proposal）があります。

　提案依頼書はRFP（= Request for Proposal）と呼ばれ、解決すべき問題や求められる製品の仕様などが詳細に記載されます。関係者や関係機関に送付されたり、ウェブ上に公開されたりします。

　RFPに応答してプロポーザルを提出する場合、プロポーザルによって解決すべき問題はすでに明らかになっています。その場合、問題の解決策を売り込むように書きます。RFPをよく読み、RFPの要求を満たす内容を、RFPに規定されている方法で記載する必要があります。

　一方、自発的にプロポーザルを提出する場合、解決すべき問題について詳しく説明する必要があります。解決策とともに問題自体を売り込むように書きます。

（2）プロポーザルの特徴

■ Clear & Conciseのテクニックを使った強い書き方

　プロポーザルでは、研究を行うための助成金を勝ち取ったり、研究を採用してもらったりすることを目的とするため、内容を売り込むための

強い書き方が重要です。

そのような強い書き方として、強い動詞、SVO、能動態などのClear & Conciseのテクニック（第1章 p.42「Clear & Conciseのテクニック」参照）を、プロポーザルの各構成項目で特に意識して使いましょう。

■ 行為者を明示

また、プロポーザルでは「誰が仕事を推進するか」を明確に記載する必要があります。

そのため、we（私たちは）やour research team（我が研究チームは）といった行為者を主語とした能動態表現を効果的に使うことができます。行為者を主語にした能動態表現は、責任の所在を明らかにした強く明確な表現です。

■ Title（表題）やSubtitle（小見出し）を工夫

また、内容を売り込む強い書き方をするために、Title（表題）やSubtitle（小見出し）を工夫することができます。

読み手の関心を集めるために、具体的には次のようなテクニックを使います。

①本文を読みたくなるような魅力的な言葉を含める
②疑問文を使う
③命令文を使う
④How（どのように）のような興味を引く言葉を使う

例えば、「マスク・ウェハ位置合わせシステム」を提案する文書を書く場合、Mask-wafer alignment system（マスク・ウェハ位置合わせシステム）を表題とするよりも、Low-cost precise mask-wafer alignment system（低価格の精密マスク・ウェハ位置合わせシステム）を表題とするほうが、内容を強く売り込むことができるでしょう。

さらには、①～④のテクニックを使い、次のように表現すると、読み手からより強い関心を集めることができるでしょう。

①本文を読みたくなるような魅力的な言葉を含める

Benefits of our mask-wafer alignment system: low-cost and precision
（私たちのマスク・ウェハ位置合わせシステムの利点：低価格と精密さ）

②疑問文を使う

Do you need a precise mask-wafer alignment system at low cost?
（低価格の精密マスク・ウェハ位置合わせシステムがあなたには必要
ですか）

③命令文を使う

Precisely align your mask and wafer at low cost
（低価格であなたのマスク・ウェハの位置合わせを精密に行いましょう）

④How（どのように）のような興味を引く言葉を使う

How our low-cost system precisely aligns a mask and a wafer
（私たちの低価格システムがどのようにして精密にマスク・ウェハの
位置合わせを行うか）

（3） ライティング練習問題

　　プロポーザルの一文を英語で書いてみましょう。仕事を勝ち取っ
たり研究費用を勝ち取ったりするために、特に強い表現を使って書
きましょう。

(a)　提案するシステムは、高エネルギー効率での高度な計算プロセ
　　スが特徴であるため、データセンターでの膨大なエネルギー消費
　　にまつわる問題を解決することができる。
　　〈システム＝system、高エネルギー効率での＝energy-efficient、高度な＝
　　advanced、計算＝computing、データセンター＝data center、膨大な＝
　　huge、エネルギー消費＝energy consumption、解決する＝overcome〉
　　答[　　　　　　　　　　　　　　　　　　　　　　　　　　]

(b)　当社の特殊な保護膜を管の内側と外側の両方に塗布することで、腐食を防ぎ、管からのガス漏れを防ぐことができる。

〈特殊な＝special、保護膜＝protective coating、管＝pipe、腐食＝corrosion、ガス漏れ＝gas leakage〉

答［　　　　　　　　　　　　　　　　　　　　　　　　　　　　　　　］

(c)　本プロジェクトが成功すれば、製造ラインの処理能力を高めることで単価を削減し、ひいては全体の生産効率を高めることができる。

〈製造ライン＝manufacturing line、処理能力＝thoroughput、単価＝unit price、生産効率＝production efficiency、高める＝enhance〉

答［　　　　　　　　　　　　　　　　　　　　　　　　　　　　　　　］

(d)　顧客の要望を満たす大規模言語モデルの学習には、入手容易な一般的データセットと、弊社が長年かけて独自に収集や作成した特定のデータセットの両方を使用する予定である。

〈顧客の要望＝customer need、大規模言語モデル＝large language model、入手容易な＝easily accessible、一般的＝general、特定の＝specific、独自に＝uniquely、収集する＝collect、作成する＝create〉

答［　　　　　　　　　　　　　　　　　　　　　　　　　　　　　　　］

(e)　AIを利用した問い合わせの自動化により、問い合わせ対応にかかる年間約1万時間の労働時間削減が見込まれる。

〈問い合わせ＝inquiry、自動化＝automation、年間＝annually、労働時間＝work hour、問い合わせ対応＝inquiry handling〉

答［　　　　　　　　　　　　　　　　　　　　　　　　　　　　　　　］

(a)　The proposed system, featuring advanced energy-efficient compu-
ting processes, has the potential to overcome the challenges
associated with huge energy consumption at data centers.
または
The proposed system, which features advanced energy-efficient
computing processes, will overcome the challenges associated with
huge energy consumption at data centers.
または
Featuring advanced energy-efficient computing processes, the
proposed system is expected to overcome the challenges
associated with huge energy consumption at data centers.

解説　「提案するシステム」はthe proposed system（提案したシステム）
と表現できます。「解決することができる」にはhave the potential to
overcomeまたはwill overcomeが使用できます。メインのメッセージであ
る「システムは、解決することができる」をはじめに作成し、「特徴であ
るため」は、分詞句（The proposed system, featuring…）や関係代名詞
節（The proposed system, which features…）で挿入するとよいでしょう。
Featuring advanced energy-efficient computing processes, the proposed
system…のように文頭に配置する分詞構文も可能です（第3章 p.209「文
頭の分詞構文」参照）。

(b)　Our special protective coatings applied both inside and outside the
pipes will prevent corrosion and eliminate gas leakage from the
pipes.

解説　「塗布された保護膜」を主語にしたSVOを使って書きます。和文
を直訳してBy applying…で英文を開始すると、受動態になってしまう
ためです。SVOを使った能動態で書くことにより、力強く明確に表現
できます。加えて、「〜できる」に助動詞canを使うと「防ぐ可能性があ
る」という弱い表現となってしまいますので、プロポーザルでは「〜す
れば、〜となる」と読み手が強く信じている内容を表すために助動詞

willを使うとよいでしょう（第3章 p.170「助動詞の強さとニュアンスの違い」参照）。

(c) Successful completion of this project will reduce unit costs by increasing the throughput of your manufacturing lines, thus enhancing overall production efficiency.

解説 「本プロジェクトが成功すれば」を表すためにSuccessful completion of this projectを主語にしたSVOの文型を使います。If this project is completed successfullyよりも直接的に表現できます。強い意志を表す助動詞willのほかには、必然性に基づく確信を表す助動詞mustも使用できます。「ひいては、全体の生産効率を高めることができる」の部分は文末の分詞構文を使って加えます（第3章 p.210「文末の分詞構文」参照）。

(d) To train our large language model to satisfy customer needs, we will use both general datasets that are easily accessible and specific datasets that we have uniquely collected and created over years.

解説 プロポーザルでは、誰が仕事を推進するかを明確に記載する必要があるため、人を主語にした能動態表現の使用も効果的です。行為者であるwe（私たち）を主語とした能動態で、予定を表す助動詞willを使って表現します。

(e) AI-enabled inquiry automation is expected to reduce about 10,000 work hours used annually for inquiry handling.

解説 「AIを利用した」はAI-enabledを修飾先の名詞の前に配置することで、簡潔に表現できます。名詞の後にusing AIのようにして配置することも可能です。「見込まれる」にはbe expected toが便利です。

内容を明確に伝えて「売り込む」
強い書き方を。RFPに応答して書
く場合は要求を満たすように。

How Our Technical Writing Courses Train Successful Writers

❶Cover Sheet
（表紙）

Technical Communications Inc.
December 1, 2024

Summary

❷Summary（要旨）では主題と
目的、目的を達成する方法を記載。
Clear & Conciseのテクニックを
使って強く簡潔に。

Many universities and educational organizations curren…

❸Table of Contents te writing courses to prepare stude
（目次）   ng courses aim at…

Table of Contents
Summary   2
Need for Good Technical Writers   4
…

❹Introduction（序論）と書く代わりに、見出し
を工夫して読み手を引きつける。本文はClear &
Conciseのテクニックを使って強く簡潔に。

Need for Good Technical Writers
Japan has high technological skills, but has been notorious for its poor writing in English
…

❺Statement of Problems（問題の提示）
と書く代わりに、見出しを工夫して読み
手を引きつける。本文はClear & Concise
のテクニックを使って強く簡潔に。

Benefits of Our Technical Writing Courses
The purpose of this proposal is to introduce
this proposal, we will document the following. (1) our technical writing courses train
successful writers, (2) good technical writers clearly present their ideas, …

Our Methods
Our unique method features…

❻Methods（方法）では具体的な方法を説明。

Justification
We have determined the effectiveness of our tech

❼Justification（妥当性）で
は方法の妥当性を実証。
3Cテクニックを使って強く
簡潔に。

全体を通して
行為者を明示
した書き方。

Resources
List of Our Teachers
Name   Qualification
H. Yamada, …   …
…

❽Resources（対応能力）では人材や設備を書く。

Evaluation
We have earned a reputation as a reliable provider of technical writing courses to
companies and educational organizations, such as…

❾Evaluation（評価）では他者の
評価を通じて有効性を実証。

Course Details（Costs and Time Schedules）
Table 1 shows the costs and time schedules of our writing courses.
Course Description   Costs (…
Six-month course   XX JPY
Five-day intensive course   XX JPY
…

❿Price Estimation, Time Schedule
（費用とスケジュール）ではかかる費
用と実施スケジュールを記載。

References
1.
2.
…

⓫References
（参考文献）では
文献を正しくリスト。

（丸付き数字はp.269「プロポーザルの構成」の番号と対応しています）

英文アブストラクトの不要語を除く

英文アブストラクト（要旨、要約書）は短く

Keith F. Punchは、著書*Developing Effective Research Proposals*の中で、次のように書いています。

"Abstract writing is the skill of saying as much as possible in as few words as possible."
（アブストラクトライティングとは、できるだけ少ない単語数で、できるだけ多くの内容を表す技術である）

Keith F. Punch, *Developing Effective Research Proposals*, SAGE Publications, Third edition, 2016.

技術論文、プロポーザル（提案書）、技術報告書などに含まれる要旨（要約書やアブストラクトとも呼ばれる）では、Clear & Conciseのテクニック（第1章 p.42「Clear & Conciseのテクニック」参照）を駆使して特に簡潔に書くことが求められます。

読み手は多数のアブストラクトを読んで、どの文書の本文全体を読むかを決定しますので、本文の中身をすばやく的確に伝えるアブストラクトを作成することが重要です。

アブストラクトは多くの場合にワード数に制限があります。150ワードや200ワード程度、200〜300ワードなど、規定のワード数の中で文書全体の内容を明確に伝える必要があります。

英語表現の変更例

英文アブストラクトを短く簡潔に書くために、例えば、次ページのように英語表現を削除または変更することができます。

in fact	➡	削除
in addition	➡	additionally, also, besides
based on the fact that	➡	because
due to the fact that	➡	because
in the case that	➡	when
in the case in which	➡	when
in the case of	➡	for, at, in
during a period in which	➡	while
for the purpose of …ing	➡	to ＋ 動詞の原形
in order to	➡	to
be defined as	➡	be
be referred to as	➡	be, refer to
be different from	➡	differ from
be dependent upon	➡	depend on
occurring as a result of	➡	resulting from
it is clear that	➡	clearly
it is noted that	➡	notably
a period of	➡	削除
in other words	➡	削除
various	➡	削除
kinds of	➡	削除
types of	➡	削除
very	➡	削除
In order to do…, it is necessary to…	➡	Doing… necessitates…, Doing… requires… など別の表現を検討
there is/are…	➡	…is/are available, …is/are…など別の表現を検討
one of ＋ the ＋ 複数名詞	➡	one ＋ 単数名詞
many of ＋ the ＋ 複数名詞	➡	many ＋ 複数名詞
most of ＋ the ＋ 複数名詞	➡	most ＋ 複数名詞

3. マニュアル(説明書)

(1) マニュアルの概要

■ マニュアル(説明書)は取り扱い方法を説明する

マニュアル（説明書）とは、各種工業製品や工業設備を正しく安全に取り扱う方法を説明するものです。具体的には、据付方法、操作方法、調整や保守の方法、整備や点検の方法などを説明します。

マニュアルは、説明する内容によって、例えば、次のように呼ばれます。

Installation Manual（据付方法を説明するマニュアル）
Operation Manual（操作方法を説明するマニュアル）
Maintenance Manual（調整や保守の方法を説明するマニュアル）
Safety Manual（整備や点検の方法を説明するマニュアル）

それぞれを独立した一冊として提供したり、必要な内容を一冊にまとめて提供したりします。

マニュアルでは、取り扱い方法の手順に抜けがないこと、手順に従いやすく、やさしく読めることが重要です。なお、取り扱い方法に加えて、工業製品や設備の特徴についてもマニュアルに記載されることがあります。

■ マニュアルの対象読者

マニュアルが対象とする読み手は、工業製品や設備のユーザです。工業製品や設備のユーザとは、一般消費者や技術者です。

マニュアルの読み手の大半はマニュアルを読みたくないと思っている可能性があります。必要な情報を探して読む可能性が高いため、読み手

が知りたい内容がどこにあるかが一目でわかるようにマニュアルを書くことが大切です。そのためには、目次を設けるとともに、イラストやレイアウトも工夫する必要があります。

　そして、1文を短く明確に書くとともに、読み手に対して語りかける口調を使うなど、やさしく読める工夫をすることが大切です。

　さらに、一般消費者向けマニュアルの場合、関連技術についての知識を有さない読み手のために、難解な技術用語を避けて、特に平易な言葉を使って書きます。

■ マニュアルの構成

　代表的なマニュアルは、主に操作を説明します。そして、保守、安全、サービスなどについての説明も含みます。そのようなマニュアルをUser's Manualと呼びます。

　User's Manualの構成項目は、Front Matter（前付け）、Body（本文）、Back Matter（後付け）の3つに大別することができます。それぞれの部分はさらに次の項目に分かれます。

❶Front Matter（前付け）	
❶-1 Title（タイトル）	Cover sheet（表紙）にマニュアルのタイトルを記載する。製品のイラストやメーカーの社名とロゴなども含めることができる
❶-2 Notices（注意書き）	著作権表示、発行日、版数コード（改訂版の場合）、発行コード、発行場所などを記載する
❶-3 Introduction（序論）	対象とする読者についての定義、関連文書、マニュアルの内容の要約、目次、イラスト・図・表の目次などを含める
❷Body（本文）	
❷-1 Overview（概要）	製品の概要を説明する
❷-2 Preparing for Operation（操作に入る前の準備）	注意と警告、セットアップやインストール、組み立て、配置の方法を説明する
❷-3 Operation（操作）	始動方法、操作方法、待機状態の設定方法、停止方法などを説明する

❷-4 Maintenance（保守）	必要な試験機器、調整方法、試験方法、故障発見方法、修理方法などを説明する。User's Manualでは、ユーザにできる保守の範囲内に限定して説明する
❷-5 Precautions against Misuse（誤用の予防策）	エネルギー源（電気他）による危険性を説明し、保守サービスを受ける際の連絡先を記載する
❸Back Matter（後付け）	
Glossary（用語一覧）、Index（索引）、メーカーの社名と所在地、ディーラーの名前と所在地などを記載する。用語一覧や索引がついているとマニュアルが使いやすくなる	

（2）マニュアルの特徴

■ 平易な表現を使う

　マニュアルは、内容を伝えるだけでなく、その内容に基づいて、読み手が据付や操作ができるようになることを目的としています。そのため、マニュアルは、読み手にとって、特にわかりやすく、手順に従いやすいように書く必要があります。

　まず、読み手が据付や操作の手順を容易に知ることができるように1文を特に短く書きます。各パラグラフも比較的短くまとめます。

　また、対象となる読者の技術知識に応じて、難解な技術用語を避けて平易な言葉を使って書きます。

　加えて、読み手が知りたい内容がどこにあるかが一目でわかるように、わかりやすいSubtitle（小見出し）を使って書く必要があります。

■ 手順の説明は命令文を使って時間順に

　マニュアルの大部分を占める据付や操作の手順の説明では、時間順に手順を説明します（第1章 p.64「パラグラフの論理展開」参照）。

　手順の説明では、読み手に行動を指示する命令文を主に使います。動詞の原形から命令文を始めます。日本語の「ください」にあたる英語のpleaseは不要です。

　操作手順を説明する例文を見てみましょう。

How to Install Batteries in the Remote Control
1. Remove the battery compartment lid on the bottom of the remote control by sliding the lid.
2. Place two AA batteries inside the battery compartment with their + and − terminals aligned as indicated on the unit.
3. Replace the battery compartment lid.

リモコンの電池装着方法
1. リモコン下部の電池室の蓋をスライドして取り外してください。
2. 単3電池を2本、プラス端子とマイナス端子が本体に記された向きになるよう電池室に入れてください。
3. 蓋を取り付けてください。

解説 マニュアルの見出しには「〜のしかた」を表すhow to...または動名詞から開始するタイトルを使うことができます。つまり、この例のほかには、Installing Batteries in the Remote Controlと表現できます。命令文の文頭には強い動詞を使います。「取り外す」と「取り付ける」には、removeとreplaceが便利です。それぞれtake offとput onも使えますが、できるだけ動詞1語で表現するとよいでしょう。

■ 注意や警告には命令文、否定命令文、平叙文＋助動詞

注意や警告を示す際にも命令文や否定命令文を使います。

技術文書の英文は本来、否定の内容もできるだけ肯定形を使って表現するのが好ましい（第1章 p.49「肯定形を使う」参照）ですが、マニュアルに記載される禁止事項や警告事項には、禁止や警告を強く響かせる否定形の使用が許されます。また、注意や警告を示す際に平叙文＋助動詞を使うこともあります。

注意事項を説明する例文を見てみましょう。

NOTE: Do not subject the remote control unit to shock, water, or excessive humidity.
注意：リモコンに衝撃を与えないでください。また、水や過度の湿気にさらさないでください。

CAUTION: To clean the MODEL 830 cabinet, do not use solvent-based cleaners or abrasive cleaners.
注意：MODEL830のキャビネットを洗浄する際には、溶剤タイプの洗浄剤や研磨剤を使用しないでください。

WARNING: To avoid electric shock, disconnect the power cable before changing the fuse.
警告：感電を避けるため、ヒューズを取り替える前に電源コードを抜いてください。

DANGER: A coasting blade can be dangerous.
危険：惰性回転しているブレードは危険です。

解説 NOTE、CAUTION、WARNING、DANGERは次のように定義でき、警告の度合いが順に強くなります。

NOTE：使用者が製品を上手に使用するために必要な事柄について関心を促し、所定の性能が得られ、満足が得られることを目的とする場合に使用します。

CAUTION：製品に損傷をもたらすおそれのある事柄について、あらかじめ注意を促すことによって、製品の正しい使用を促す場合に使用します。

WARNING：人身障害を引き起こすおそれのある事柄、他人に迷惑を及ぼすような事柄について、あらかじめ注意を促し、事故を未然に防ぐことを目的とする場合に使用します。

DANGER：人命に直接危険・災害が生じるおそれのある事柄について注意を促すことを目的とする場合に使用します。

■ 助動詞を使った平叙文

　マニュアルでは、助動詞を使った平叙文を比較的多く使用します。助動詞は、動詞が表す事実に対して書き手の考えを加えます（第3章 p.169「助動詞」参照）。マニュアルにおける書き手の考えは主に、主語に課せられる義務「～するべきである」や書き手の確信「～だろう」となります。

　助動詞を使ったマニュアルの例文を見てみましょう。

The operating system <u>must</u> be shut down before a disk is unloaded from the system domain.
システム領域からディスクをアンロードする前にOSをシャットダウンする<u>必要があります</u>。

The equipment <u>should</u> be mounted to a wall or ceiling as recommended by the manufacturer.
本装置は、メーカーの推奨に従って壁や天井に取り付けて<u>ください</u>。

This product <u>may</u> contain lead and mercury.
本製品には鉛および水銀が含有されている<u>可能性</u>があります。

Specialized companies <u>can</u> recycle your product.
専門業者によって製品をリサイクルしてもらうことが<u>可能</u>です。

Prolonged exposure to direct sunlight <u>will</u> cause the disc to degrade rapidly.
長期間直射日光があたるところに放置すると、ディスクは早く劣化<u>します</u>。

　解説 マニュアルにおける助動詞には、それぞれ次の意味があります。

must：強制的な義務「～する必要がある」

should：mustに比べてはるかに弱い義務で、推奨「～したほうがよい」、「～してください」を表す

may：起こるかどうか定かではない可能性「～かもしれない」、製品に

とって望ましくない状況に使える。許可「～してもよい」は、権利の意味を表すこともある

can：能力や可能性

will：「絶対に～である」や「必然的に～となる」

■ youを使って語りかける

マニュアルでは、「あなた（you）」に直接、語りかけることで、読み手がやさしく読める工夫をします。

youを使ったマニュアルの例文を見てみましょう。

If you do not feel completely comfortable with these steps, contact the store where you purchased the system for information on an authorized system installer.

これらの操作に少しでも不安がある場合には、システムを購入した店舗に問い合わせて専門のシステム据付業者の紹介を受けてください。

解説 技術文書は、人ではなく「もの」を中心に書くため、「あなた（you）」が登場することは、マニュアル以外ではほとんどありません。一方、マニュアルでは、「あなた（you）」に向かって直接的に語りかけることで、やさしく読める工夫をします。なお、マニュアルの主な内容である動作を指示する文では、「あなた（you）」を使わずに動詞から開始する命令文で表現します。

（3）ライティング練習問題

マニュアルの一文から複数文を英語で書いてみましょう。読み手が簡単に手順に従えるよう、短く簡潔に書きましょう。

(a) レバーをゆっくりと押し下げると、エスプレッソの抽出が開始します。

〈レバー＝lever、ゆっくりと＝slowly、エスプレッソの抽出＝espresso brewing process〉

答 [   ]

(b) 高圧回路は1人ではなく、少なくとも2人以上で作業すること。

〈高圧回路＝high-voltage circuit、作業する＝work〉

答 [   ]

(c) ゲーム機の充電方法：ACアダプターを充電器ドックに接続してから、ゲーム機を充電器ドックに差し込んでください。

〈ゲーム機＝game console、充電する＝charge、ACアダプター＝AC adapter、充電器ドック＝game charger dock、接続する＝connect、差し込む＝insert〉

答 [   ]

(d) スマートフォンをリセットするには、画面の下から上にスワイプし、「設定」をタップします。下にスクロールし、「システム」をタップし、「リセットオプション」、「すべてのデータを消去」の順にタップし、最後に「スマートフォンをリセット」をタップします。

〈スマートフォン＝smartphone、リセットする＝reset、画面＝screen、タップする＝tap〉

答 [   ]

(e) ゴミがゴミ容器の最大ラインに達したらすぐに掃除機の容器を空にしてください。ゴミが最大ラインを超えているときにクリーナーを使用すると、ゴミがフィルターに到達する可能性があり、頻回なメンテナンスが必要になります。

〈ゴミ＝dirt、ゴミ容器＝bin、最大ライン＝maximum line、到達する＝reach、空にする＝empty、フィルター＝filter、頻回な＝frequent、メンテナンス＝maintenance〉

答 [   ]

解答

(a) Slowly depress the lever to start the espresso brewing process.

解説 「押し下げる」にはdepressを使います。press downも可能ですが、できるだけ動詞1語で表現します。leverは特定できるため、theが必要です。

(b) Never work alone on a high-voltage circuit; always work with at least one other person.

解説 否定命令文により注意や警告を読み手に強く響かせることができます。1文で書きづらい場合には、2文に区切って短く書きます。さらにはセミコロンでつなぐとよいでしょう（第1章 p.84「セミコロン (;)」参照）。命令文は目の前の「あなた」に対して指示を出しているため、「1人ではなく、2人以上」は、「1人で作業せず、少なくとも他の1人以上と作業するよう」に指示します。work with at least two persons.などと表現してしまうと、「あなた」と「2人」の3人以上となってしまうことに留意しましょう。

(c) Charging your game console
Connect the AC adapter to the game charger dock and then insert your game console into the dock.

解説 「充電方法」という表題は、動名詞chargingを使って表すことができます。他にも、How to charge your game consoleと表現することも可能です。さらに、To charge your game console, connect the AC adapter…のように1つの文に組み込んで表現することも可能です。「接続する」と「差し込む」を表す適切な動詞から文を開始します。「あなたのゲーム機（your game console）」とすることで、読み手に呼びかけます。

(d) To reset your smartphone, swipe from the bottom to the top of the screen and tap Settings. Scroll down and tap Systems. Tap Reset options, and then Clear all data, and finally tap Reset phone.

解説 目的を表すto不定詞をはじめに使います。その先は、動詞から開始する命令文を使ってswipe, scroll down, tap…と動作を順次促します。時間の流れをわかりやすくするために、then（そして）やfinally（最後に）といった副詞を使うことができます。「スマートフォン」は、はじめにsmartphoneと伝えたあとは、Reset phone（スマートフォンをリセット）のように短くすることができます。現在では1語のsmartphoneが使われるようになりましたが、もともとは「スマートフォン」はsmart phone（知的な電話）という2語から成り立っていました。そのため、phoneだけでも、先に示したsmartphoneを指すことができます。

(e) Empty the bin of the vacuum cleaner as soon as the dirt reaches the maximum line. Using the cleaner when the dirt is above the maximum line may cause the dirt to reach the filter and require more frequent maintenance.

解説 明快な動詞empty（空にする）を使い、直後には目的語を配置します。「〜したらすぐに」にはas soon asを使います。命令文の後ろに平叙文を配置することができます。起こることが好ましくない内容には、最も低い可能性を表す助動詞mayを使います。

マニュアルの**POINT**

取り扱い方法をやさしく読める
書き方で説明。

❶前付け

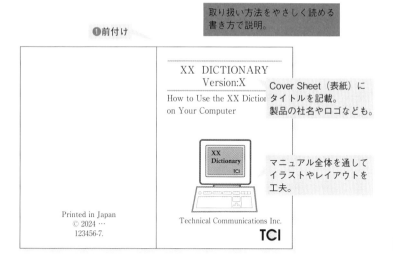

Cover Sheet（表紙）に
タイトルを記載。
製品の社名やロゴなども。

マニュアル全体を通して
イラストやレイアウトを
工夫。

Table of Contents
（目次）

Introduction（序論）では
対象となる読者の定義など
を記載可。

（丸付き数字はp.280「マニュアルの構成」の番号と対応しています）

ライティングの基本

ライティングの英文法I

ライティングの英文法II

第4章 ライティングの応用

❷本文

Overview（概要）で
は製品を概説。
マニュアル全体を通
して、難解な技術用
語を避けて書く。

マニュアル全体を通して
「you（あなた）」を使って
読み手に語りかけること
で読みやすく。

Overview of the XX Dictionary

2. Overview of the XX
   Dictionary
   The XX dictionary is
   dictionary software with
   word memorizing tool. Simple
   but powerful UI helps you
   navigate easily.

   …te that the XX dictionary
   …ompatible with all versions
   …Windows.

How to Install and Use the XX Dictionary

わかりやすい
「小見出し」を。

3. How to Install and Use the
   XX Dictionary
3.1 How to Install the XX
    Dictionary on Your
    Computer
    1. Download 手順の説明では命令文を使う。
       installatio 1文は短く。
    2. …   強い動詞で命令文を始める。
                命令文にpleaseは不要。
                注意や警告には命令文・否定命令文・
                平叙文＋助動詞など。

Frequently Asked Questions

3.2 How to Use the XX
    Dictionary
    The XX Dictionary has
    two main user interfaces:
    Dictionary screen and
    Study screen.
How to Operate on the
Dictionary Screen
    1. …
    2. …

4. FAQ
   Feel free to contact us at
   XX@XXX.XXX.com if you
   have any questions. Jus 問い合わせ先を
   make sure you have re 記載。
   this page showing the FAQ
   (answers to frequently asked
   questions) . …

❸後付け

Glossary of Terms

5. Glossary of Terms
   UI
   User Interface. The
   aggregate of means by
   which the users interact
   with the system. …

Glossary（用語一覧）
があるとマニュアル
が使いやすい。

社名、所在地

Technical Communications Inc.
15 Shibaura-cho, Minato-ku,
Tokyo
TEL: 03-231-2233
FAX: 03-541-5566
Email: technical@english.co.jp

（丸付き数字はp.280「マニュアルの構成」の番号と対応しています）

読み手と一緒に書くと
ライティングが楽しくなる

「読み手」を意識する

　英文技術文書を書くときに重要なのは、「読み手」を意識して書くことです。

　例えば、マニュアルの読み手は、マニュアルが説明する製品のユーザや製品を修理する技術者となります。そのような読み手のニーズを分析することはもちろん、実際に書く作業に入ると、そのような読み手の顔までを想像しながら書きます。作業中に読み手のことを忘れないよう、読み手をリストしたメモをパソコンのモニターに貼っておくこともあります。

「本来の読み手」と「身近な読み手」

　ところが、実際には、知らない多数の人たちに向かって書くことは難しい場合があります。読み手をリストしたメモを貼ってみても、読み手の顔が想像できず、読み手に向かって書くことが難しいと感じる場合があるのです。そんな場合に私が行うことは、そのような顔の見えない「本来の読み手」に加えて、「身近な読み手」に向かって書くことです。「身近な読み手」とは、「本来の読み手」の前に原稿を読む人たちのことです。

　例えば、会社で、製品についてのマニュアルを英語で書く場合には、マニュアルの本来の読み手である製品ユーザの前に、同僚や上司がそのマニュアルを読むでしょう。日本語で書かれたマニュアルを英語に翻訳するよう翻訳会社から依頼を受けた場合には、マニュアルの本来の読み手である製品ユーザの前に、翻訳会社の人が読むでしょうし、翻訳会社に翻訳を依頼した製造元の企業の人が読むでしょう。

　翻訳依頼先から依頼を受けた場合、文書の本来の読み手に加えて、翻訳依頼先の担当者のことを考えながら書くのです。私はいつも担当者の顔や性格を思い浮かべ、ライティングに対する姿勢も想像しながら書いています。具体的に想像しやすいように、担当者に事前に実際に会ってから書く

作業を始めるように心がけています。まずは担当者に満足してもらえるように書くのです。依頼先に満足してもらえれば、その先、文書の本来の読み手にとっても読みやすいものとなるはずです。

孤独なライティング作業が楽しくなる

　このように、本来の読み手に加えて、より想像しやすい身近な読み手のことを考えることで、「読み手のために書いている（reader-oriented）」ことを、忘れずに書くことができます。そうすることで、書き手が自己流の書き方へと進んでしまうことを防ぐことができます。読み手を意識して書くことで、完成した文書の出来栄えは大きく変わってきます。

　ライティングは、基本的に1人で行う孤独な作業です。ところが、このように、いつも読み手を意識して、読み手と一緒に書くことで、書き手は孤独感から開放されます。心にいつも読み手がいることで、ライティングの作業がより楽しくなるのです。Happy writing!

4. 仕様書

（1）仕様書の概要

■ 仕様書は要件を記載する

　仕様書とは、各種工業製品や設備の部品、材質、構造などが満たすべき要件を記載するものです。さらには、要件を満たすために必要な設計、製作、検査、据付、保守、運転などの方法も記載することがあります。

　仕様書は、その内容に応じて、例えば次のように呼ばれます。

- Design Specification（設計仕様書）
- Construction Specification（建設仕様書）
- Product Specification（製品仕様書）
- Material Specification（材料仕様書）
- Maintenance Specification（保全仕様書）
- Inspection Specification（検査仕様書）

　仕様書で主体となるのは、工業製品や設備の部品、材質、構造などが満たすべき要件です。要件に誤りが含まれないよう、細心の注意を払います。仕様書には、満たすべき数値が含まれることが多くあるので、数値の誤記にも注意します。

　仕様書の構成は、記載する内容に応じて変わります。

■ 仕様書の対象読者

　仕様書が対象とする読み手は、各種工業製品や設備の部品、材質、構造が設計通りに効果を発揮するかどうかを試験する技術者、各種工業製

品や設備の部品、材質、構造について知りたい一般消費者です。仕様書の読み手はある程度の技術的知識を持っていることが予測できます。したがって、適切な技術用語を使って正確に書くことが大切です。

（2）仕様書の特徴

■使用する文体
　仕様書は、内容を伝えることだけでなく、その内容に基づいて読み手が実際に試験を行ったり製品を製造したりすることを主な目的としています。

　仕様書では、主に平叙文を使います。工業製品・設備が満たすべき要件を記載するために、強い強制を表す助動詞shallを使った平叙文を使います。強制ではない任意事項を表すmay、推奨事項を表すshouldも使います。

　操作や手順、試験方法の記載に、マニュアル（p.279「マニュアル（説明書）」参照）の場合と同様に命令文を使いたい場合には、命令文の前に「次の手順を満たす」という要件を表す1文を配置します。

■要件の規定
　仕様書は、工業製品・設備が満たすべき要件を記載します。要件を規定する例文を見てみましょう。

Any oil, grease, soil, dust, or foreign matter deposited on the surface after the surface preparation shall be removed prior to painting.
下地処理後塗装面に付着したオイル、グリース、土、ほこり、異物はすべて塗装前に除去するものとする。

All instruments, accessories, alarm units, interlocking relay units, and sequential control units shall be mounted on the instrument panel.

計器、付属品、警報ユニット、インターロックリレーユニット、シーケンス制御ユニット類はすべて主計器盤に取り付けるものとする。

■適用範囲の記載

仕様書の冒頭には、仕様書が何を規定するかを表す適用範囲を記載します。例文を見てみましょう。「仕様書」を表す英語specificationは、単数形と複数形の両方が可能です。

This specification covers nickel-alloy steel plates intended for welded pressure vessels.
本仕様書は、溶接圧力容器用のニッケル合金鋼板に適用される。

The specifications specify the design, fabrication, installation, inspection, testing, operation, and maintenance of gas transmission and distribution systems.
本仕様書は、ガス輸送分配システムの設計、製作、据付、検査、試験、運転および保全について規定する。

■仕様書における助動詞

仕様書では、助動詞shallをはじめとする助動詞を比較的多く使用します。仕様書には満たすべき要件を記載するため、各助動詞が表す強制力について正しく理解することが重要です（第3章 p.169「助動詞」参照）。仕様書における助動詞must, shall, should, may, willは次の意味を表します（p.300 スキルアップコラム「仕様書における助動詞の強さ」参照）。

〈must, shall〉

「強い強制」を表します。「〜を絶対に必要とする」を意味します。正式にはshallを使用しますが、昨今ではmustの使用も見られることがあります。

〈should〉

仕様書に使うshouldは、「〜を推奨する」を意味します。仕様書で強い強制を表す場合には、shouldではなくshallやmustを使います。

〈may〉

「〜してもよいし、しなくてもよい」、つまり「任意」であることを表し、強制力はありません。

〈will〉

「書き手の意志」を示します。仕様書の作成者の履行条件を示す場合や、仕様書の作成者が必然的にそうなると考えること表す場合に使用します。

（3）ライティング練習問題

仕様書の一文を英語で書いてみましょう。適切な助動詞を必要に応じて使いましょう。

(a) 本仕様書に記載の要件を満たさない梱包方法を使用した製品は不合格として廃棄すること。

〈要件＝requirement、梱包方法＝packaging、製品＝product、廃棄する＝discard〉

答[　　　　　　　　　　　　　　　　　　　　　　　　　　]

(b) 製品の厚さが本仕様書で認める厚さより薄くならない限りにおいて、表面の軽い欠陥をグラインダがけによって除去することができる。

〈厚さ＝thickness、認める＝permit、表面＝surface、欠陥＝defect、除去する＝remove〉

答[　　　　　　　　　　　　　　　　　　　　　　　　　　]

(c) 作業中に皮膚に酸が付着した場合には、即座に多量の水で洗い
　　流すこと。
　　〈作業＝work、皮膚＝skin、酸＝acid、即座に＝immediately、洗い流す
　　　＝wash off〉
　　答[　　　　　　　　　　　　　　　　　　　　　　　　　　　]

(d) 手袋、安全ゴーグル、顔面シールドなど、有害物質を取り扱う
　　作業員の保護具は、破損がないか定期的に点検すること。
　　〈手袋＝glove、安全ゴーグル＝safety goggle、顔面シールド＝face shield、
　　　有害物質＝hazardous substance、作業員＝worker、取り扱う＝handle、
　　　破損＝damage、定期的＝regularly、点検する＝inspect〉
　　答[　　　　　　　　　　　　　　　　　　　　　　　　　　　]

(e) 最適効率を得るため、新設の反応器は既存の複数台の反応器に
　　隣接して据え付ける予定である。それにより、反応器間のシーム
　　レスな統合が可能になる。
　　〈効率＝efficiency、最適化する＝optimize、反応器＝reactor、据え付ける
　　　＝install、シームレスな統合＝seamless integration〉
　　答[　　　　　　　　　　　　　　　　　　　　　　　　　　　]

解答

(a) Products with packaging that fails to satisfy the requirements
specified herein shall be rejected and discarded. /
Products with packaging noncomforming to the specification shall
be rejected and discarded.

解説　「満たさない」にはthat fail to satisfyまたはnoncomforming toが
使用できます。「本仕様書に記載の」は、the specification以外にspecified
hereinと表せます。hereinは、法的文書でitのような代名詞を避けるた
めに使用され、ここではin this specification（本仕様書において）を意
味しています。要件を表す助動詞shallを使います。

(b)　Minor surface defects may be removed by grinding unless such grinding reduces the thickness of the product to less than the thickness permitted in this specification.

解説　仕様書のような法的文書では、許可を表すmayを「〜することができる」に使用します。unlessは「〜しない限り」を表します。否定の内容を肯定的に表す便利な表現です。仕様書ではyouのような人称代名詞の使用は控えますので、You may remove…とせずに「もの」を主語に使います。「本仕様書で認める」はpermitted in this specificationのかわりにpermitted hereinとすることも可能です。

(c)　Any acid that touches the skin during work should be immediately washed off with large quantities of water.

解説　「酸が付着した場合には」という条件節は英語ではifを使わない単文構造で表現できます（第1章 p.45「単文を使う」参照）。any acidを主語に使うことで、「いかなる酸も」、つまり「酸に触れた場合には」という意味になります。「〜すること」は要件かどうかに応じて助動詞を選びます。ここで「洗い流す」ことは要件ではなく、推奨を表すため、shouldを選びます。

(d)　Protective equipment for workers handling hazardous substances, including gloves, safety goggles, and face shields, should be regularly inspected for any damage.

解説　「定期的に点検する」ことが義務であればshall、推奨であればshould、任意であればmayを使います。解答例はshould（推奨）としましたが、他の助動詞の可能性もあります。「破損がないかどうか点検する」は、動詞inspect（点検する）に対して、「〜に関して」を前置詞forで組み合わせます。

(e)　To optimize efficiency, the new reactor will be installed adjacent to the existing reactors to enable seamless integration between these reactors.

解説　予定を表すためには助動詞willを使うことができます。「それによ

り、〜が可能になる」はto不定詞で情報を足します。「反応器」の数は合計3以上となりますが、「反応器間」には、個々の物体間の関係を表す前置詞betweenを使います（第3章 p.182「前置詞」参照）。

仕様書の**POINT**

満たすべき要件を正確に記載。

Tank-Type High-Efficiency Toilet Specification

1.0 Scope and Objective
This specification defines the criteria for a tank-type high-efficiency toilet under the XX program. The specification is applicable to…

冒頭に仕様書の適用範囲を記載。

強い強制を表す助動詞shallやmustを使って要件を記載。

2.0 Summary of Criteria
Effective flush volume shall not exceed 1.28 gallons (4.8 liters), as specified in section 3.0;
Solid waste removal must be 350 grams…

仕様書全体を通して、助動詞shall, must, should, may, willの強制力を正しく理解して使用する。

3.0 Water Efficiency Criteria
    3.1 Single Flush Toilets—The effective flush volume shall not exceed 1.28 gallons (4.8 liters). The effective flush volume is …
    3.2…
    …

仕様書全体を通して数値の誤記に注意。

6.0 Effective Date
This specification is effective on January 10, 2024.

7.0 Future Specification Revisions
XX reserves the right to revise this specification should and/or market changes affect…

仕様書の構成は内容に応じて様々。

8.0 Definitions
Definitions within XXXX and XXXX are included by reference.
    - Eletrohydraulic toilet: A toilet fixture of siphonic or washdown design that uses a motor, pump, and controller to assist flushing action.
    - Pressure-assist toilet: A flushometer tank toilet as defined in XXXX
    …

仕様書における助動詞の強さ

仕様書で使う助動詞

　助動詞が表す「義務」や「強制力」の強さを正しく解釈するために、「仕様書における助動詞の定義［RFC2119］」を参考にしてみましょう。

　定義［RFC2119］は、インターネット技術の標準化を扱うIETF（Internet Engineering Task Force）という組織が、仕様書における各表現（must, must not, required, shall, shall not, should, should not, recommended, may, optional）が表す「要求レベル」を定義したものです。

　定義［RFC2119］（"Key words for use in RFCs to Indicate Requirement Levels," RFC 2119, S. Bradner, March 1997）（https://www.ietf.org/rfc/rfc2119.txt、2024年1月閲覧）の内容を次のようにまとめることができます。

---

must（またはrequired, shall）
- 仕様書に規定される事象は絶対に守る。

must not（またはshall not）
- 仕様書に規定される事象は絶対に避ける。

should（またはrecommended）
- 特定の状況では特定の事象を無視する妥当な理由が存在する可能性があるが、すべての含意を理解し、慎重に判断して異なる方向性を選択しなければならない。

should not（またはnot recommended）
- 特定の状況において特定の行動が許容できる場合やまたは有用であるとする妥当な理由が存在する可能性があるが、すべての含意を理解し、慎重に判断してその行動を行う。

may（またはoptional）
- ある事象が任意であることを示す。特定の市場の要求のためや、製品をよくすると考えてその事象を含めることを選択する業者もいれば、その事象を含めることを選択しない業者もいる（以下省略）。

この定義から、それぞれの助動詞について次のようなことがわかります。

mustとshall

助動詞mustとshallは動詞の過去分詞形required（要求される）と同等に扱われている。mustとshallは、requiredと同レベルの強い強制を表す。

should

助動詞shouldは動詞の過去分詞形recommended（推奨される）と同等に扱われている。shouldは強制ではなく推奨を表す。

may

助動詞mayは形容詞optional（任意の）と同等に扱われている。mayは、任意を表し強制力はない。

5. 技術報告書

（1）技術報告書の概要

■技術報告書は活動の結果を伝える

　技術報告書は、技術者、科学者、管理者などが、研究、フィールドワーク、その他の活動の結果を関連組織の人々に伝えるための文書です。技術報告書は、仕事の品質や価値を決定する重要な文書です。

　技術報告書が扱う分野は広く、例えば次のように分類できます。

Product Report （製品に関する報告書）	製品を検討、評価、類似品と比較し結果を報告する
Progress Report （進捗状況に関する報告書）	プロジェクトの進捗状況を報告する
Investigation Report （調査報告書）	装置が故障した場合などに調査し報告する
Process Report （工程に関する報告書）	製品を製造する場合に従うべき工程などについて述べる
Feasibility Report （実行可能性報告書）	プロジェクトの実行可能性について述べる

　さらに、Trip Report（出張報告書）、Laboratory Report（研究所報告書）、Test Report（試験報告書）、Trouble Report（トラブルに関する報告書）などがあります。加えて、技術雑誌に掲載される技術記事（Technical Article）も技術報告書とみなすことができます。

■技術報告書の対象読者

　技術報告書は、技術雑誌に掲載される技術記事のような一般に公開さ

れるものを除いて、大半は特定のグループのために作成されます。その特定のグループの読み手は、関連技術についてのある程度の知識を持っていることが予測できます。

　一方、技術報告書は、特定のグループの読み手に加えて、グループ外の人が重要な読み手となることが多くあります。例えば、技術報告書が所属する技術部を経由して管理部門へも配布される場合、技術部の技術者に加えて管理部門の管理者が読み手となります。そのような場合、管理者は他の業務に忙しく、技術報告書をすべて読めない可能性や、必要な技術知識を有さない可能性がありますので、高度な技術用語の使用を避け、技術資料を必要に応じて追加します。

　したがって、技術報告書は対象となる読み手をよく分析することが重要です。読み手に関連技術分野についての知識を持たない人が含まれる場合、特にやさしく読める書き方を心がける必要があります。

■ 技術報告書の構成

　技術報告書の構成は、正式なものから略式なものまで様々です。正式な技術報告書は、例えば次の項目からなります。

❶Cover Sheet（表紙）
❷Title Page（表題）
❸AbstractまたはSummary（要旨）
❹Terms of Reference（適用範囲）
❺Table of Contents（目次）
❻List of Illustrations（イラストのリスト）
❼Text（本文）
　❼-1 Background（背景）
　❼-2 Methods（方法）
　❼-3 Results and Discussion（結果と考察）
　❼-4 Recommendations（改善提案）
❽References（参考文献）
❾Appendix（付録）
❿Index（索引）

正式な技術報告書は「技術論文」と構成項目が似ており、技術論文と同様の書き方が可能です（p.247「技術論文」参照）。略式な技術報告書の場合には、Introduction（序論）、Body（本文）、Recommendations（改善提案）のみで構成することもできます。

■ 技術論文と技術報告書

技術論文との違いとしては、報告書では、「論じる」部分が技術論文に比べると少なく、事実を淡々と報告する表現が多くなります。そこで、技術論文よりも過去形の使用が増えます。さらには、報告書の内容によっては、例えば「不具合の調査報告書」などであれば、技術論文のように技術を売り込む表現ではなく、得られた知見を淡々と述べる表現が好まれます。

（2）技術報告書の特徴

■ 報告書の範囲

冒頭に報告書や報告書に係るプロジェクトの目的を簡潔に記載します。表現例は次の通りです。

The scope of this report is to examine _____.
（本報告書は、〜について検討するものである。）
The project aims to investigate _____.
（本プロジェクトの目的は、〜を調査することである。）
This report outlines _____.
（本報告書は、〜をまとめたものである。）
This report was submitted in response to _____.
（本報告書は、〜に応答して提出したものである。）

例1：**The scope of this report is to examine** different data storage solutions that can impact the performance of cloud computing services.

（本報告書は、クラウド・コンピューティング・サービスの性能に影響を与え得る各種データストレージソリューションについて検討するものである。）

例2： **The project aims to investigate** the potential of deploying drones to monitor and manage agricultural practices in selected rural areas of Japan.
（本プロジェクトは、日本の特定の農村地域での農作業の監視と管理にドローンを導入する可能性について調査することを目的としている。）

例3： **This report outlines** the latest progress in the prototyping of our AI-powered chatbot started in January 2024.
（本報告書は、2024年1月に開始したAI搭載チャットボットの試作に関する最新の進捗状況をまとめたものである。）

例4： **This report was submitted in response to** the board's request for a feasibility study on expanding our business operations into digital fields including artificial intelligence and cybersecurity services.
（本報告書は、AIやサイバーセキュリティサービスといったデジタル分野への事業拡大に関する取締役会からの実行可能性調査の要請を受けて提出したものである。）

■ 結果の提示
調査や分析の結果を報告する表現例を紹介します。

For _____, A was(were) B.
〜に関して、AはBであった。
In _____, A was(were) B.
〜において、AはBであった。

A was(were)/is(are) observed in B.

B showed A.

　Bにおいて、Aが観察された・示された。

No A was(were)/is(are) observed in B.

B showed no A.

　Bにおいて、Aは観察されなかった・示されなかった。

A showed/had a higher/lower ＿＿＿＿ than B.

　Aは、Bよりも高い・低い～を示した。

A outperformed/underperformed B in/in terms of ＿＿＿＿.

　Aは、Bよりも良い・悪い～を示した。

例1：**For** lots preceding and following the returned product, several samples per lot **were tested** for any anomaly.
（返品された製品の前後のロットについて、ロットごとに複数のサンプルで不具合の有無を検査した。）

例2：**No** internal corrosion **was observed** in any of the tested circuits.
または
The tested circuits all **showed no** sign of internal corrosion.
（試験を行った回路のいずれにも内部の腐食の痕跡は見られなかった。）

例3：Our prototype software **outperformed** competitors' products **in terms of** speed and accuracy.
（弊社の試作品ソフトウェアは、スピードと精度の面で競合製品よりも優れていた。）

例4：The algorithm trained on targeted datasets **showed higher accuracy than** the previous version.
（特定のデータで学習を行った新アルゴリズムは、以前のバージョンよりも高い精度を示した。）

■ 無生物・人の両方の主語を駆使する

　報告書では、行った調査や分析に基づき客観的に報告内容を提示することが重要である一方で、調査や分析の行為者を明示して文書の信頼性を増すことも重要です。この2つの側面を満たすために、能動態と受動態、そして無生物主語と人の主語を工夫して組み合わせます。例を見てみましょう。

> 孔食（pitting corrosion）によって水漏れが起こったと結論付けられた。

We conclude that pitting corrosion caused the water leakage.（人が主語・能動態）
We conclude that the water leakage was caused by pitting corrosion.（人が主語・受動態）

解説 人を主語にして責任の所在を明らかにします。人の主語は、we以外にも、our investigation teamといった団体も可能です。that節内について、能動態だと原因を直接的に述べることができ、受動態だと、問題に焦点を当ててからその原因を述べることができます。受動態を使う場合よりもさらに遠回しに述べたい場合には、We conclude that the water leakage was a possible cause of pitting corrosion.などとさらに表現を変更できます。

Our investigation confirms that pitting corrosion caused the water leakage.（物が主語・能動態）
Our investigation confirms that the water leakage was caused by pitting corrosion.（物が主語・受動態）

解説 無生物主語は、investigation（調査）以外にも、analysis（分析）やinspection（点検）などが可能です。Our investigation has identified pitting corrosion as a possible cause of the water leakage.などと動詞を

変更することもできます。

■ 因果関係の様々な表現

　結果と考察で因果関係を表す際、動詞causeやinduceを使って、「Aが
Bを引き起こした」として直接的に表現する場合だけでなく、動詞
result inを使った「Aの結果、Bが生じた」やlead toを使った「AがBに
つながった」という間接的な表現や、due toやdue partly toを使った「A
を（一部）原因としてBが起こった」といった表現があります。また、
動詞seem（〜のようだ）や副詞possibly（おそらく）を足すことで、表
現を和らげることもできます。報告書の内容、例えば、「顧客に依頼さ
れた不具合の調査」、「社内でプロジェクトの進捗を確認する内容」、な
どに応じて、直接的または間接的な表現を戦略的に使い分けましょう。
また、「〜した可能性がある」や「〜したと考えられる」、という過去形
の表現方法についても理解しておくとよいでしょう。

「Aの結果、Bが起こった」
A caused/induced B.
A seems to have caused/induced B.
A resulted in B.
A lead to B.
B is (partly) due to A.

　例1：Localized corrosion **seems to have led to** small holes randomly
　　　created in the metal.
　　　（局所的な腐食が原因となり、金属に多数の小さな孔が発生した
　　　と考えられる。）

　seem to lead to…で「〜すると思われる」、seem to have led to…で
「〜したと思われる」を表します。

　例2：A human error in the product sorting processes **may have**
　　　resulted in the failure.
　　　（製品仕分け工程における人為的ミスにより、今回の不具合が起

こった可能性がある。）

may result in…で「〜すると思われる」、may have resulted in…で「〜したと思われる」を表します。

例3：Poor air-conditioning **may have caused** an excessive temperature increase indoors that **may have led to** the breakdown of the system.
（エアコンの不良により室内温度が過度に上昇したことが機器の故障の原因となった可能性がある。）

may causeで「〜の原因となると思われる」、may have caused…で「〜の原因となったと思われる」を表します。

例4：The low frame rate **is partly due to** the limited processing power of the hardware.
（フレームレートが低いのは、ハードウェアの処理能力が限られているためでもある。）

due toのほかに、attributable toという表現もあります。

■ 改善提案を述べる

課題や問題に対して報告書を提出するため、結論として改善提案（Recommendations）を記載します。報告書で伝えたい提案事項を記載する項目となります。助動詞shouldを使って提案事項を述べるか、または動詞recommend（推奨する）やpropose（提案する）、名詞recommendationsを使うのが代表的な表現例です。

A should ____.	Aは〜したほうがよい。
We recommend/propose ____.	〜することをすすめる
Our recommendations include ____.	以下が提案である。

例1：Based on the findings from our analysis, **we recommend** the use of perovskite solar cells in place of traditional silicon-based cells to improve efficiency, sustainability, and cost-effectiveness.

（我々の分析結果に基づき、効率、持続可能性、費用対効果を改善するために、従来のシリコン系太陽電池の代わりにペロブスカイト太陽電池を使用することを推奨する。）

例2：Our recommendations **include** using smart grid technologies to integrate photovoltaic systems into the existing power grid. This **should** include advanced infrastructure, response systems, and grid automation to ensure stability and efficiency.
（スマートグリッド技術を利用して、既存の電力網への太陽光発電システムの統合を行うことをすすめる。これには、安定性と効率性を確保するための高度なインフラ、応答システム、送電網の自動化があげられる。）

（3）ライティング練習問題

技術報告書の一文を英語で書いてみましょう。読み手に合わせた適切な用語を使って、明確で簡潔に書きます。無生物主語を活用し、時制も工夫して書きましょう。

(a)　本報告書の目的は、顧客により報告を受けた回路の異常の原因を解明することである。
〈顧客＝customer、回路＝circuit、異常＝anomaly、解明する＝identify〉
答［　　　　　　　　　　　　　　　　　　　　　　　　　　　　　］

(b)　昨今、材料科学の分野において耐高温複合材料の開発が活発に行われている。
〈材料科学＝material science、耐高温の＝high-temperature resistant、複合材料＝composite〉
答［　　　　　　　　　　　　　　　　　　　　　　　　　　　　　］

(c) 留め金のボルトが複数本緩んでいたことが、今回のドア破断の原因の可能性がある。

〈留め金＝fastener、ボルト＝bolt、緩んでいる＝loose、破断＝breakage〉

答[   ]

(d) 競合他社の製品Aと当社の製品Bを比較したところ、耐久性と精度という2つの重要な面で、当社の製品Bが製品Aの性能を上回っていた。

〈競合他社＝competitor、比較＝comparison、耐久性＝durability、精度＝accuracy、重要な＝critical〉

答[   ]

(e) 既存のソーラーパネルや集光型太陽光発電システムなどの代替案を検討した結果、コスト、スケジュール、資源利用可能性において、本プロジェクトは実現可能性を有していると結論付けた。

〈既存の＝existing、ソーラーパネル＝solar panel、集光型太陽光発電システム＝concentrated solar power system、代替案＝alternative、資源利用可能性＝resource availability、実現可能性＝feasibility〉

答[   ]

解答

(a) The purpose of this report is to identify the cause of the anomaly in the circuit reported by our customer.

解説 「報告書の目的」にはpurpose, objective, aimが使えます。purposeは「目的」（または「意義」）を表す一般語、objectiveも「目的」（「意義」）を表し、より正式で堅い表現、aimは「狙い」や「意図」を表します。to不定詞を使って表します。

(b) Recent efforts in material science have focused on developing high-temperature resistant composites.

311

解説 「昨今」を Recently, と表して文を開始すると、Recently, the development of high-temperature resistant composites has been actively conducted in material science.といった受動態を使った文になってしまいます。ここでも無生物主語を活用することで、平易な構造の文にできます。focus（焦点をあてる）は自動詞と他動詞の両方が可能ですが、自動詞で使えば能動態にでき、Recent efforts have focused on…のように簡潔に表現可能です。

(c)　Loose fastener bolts may have caused the door breakage.
解説 loose fastener bolts（緩んだ複数本のボルト）を主語に使い、SVOの文型で表現します。助動詞mayを過去形mightにしても過去の意味を表しませんので、時制を現在から1つずらして現在完了形have causedを使って過去の意味を表します。

(d)　The comparison between the competitor's Product A and our Product B shows that our Product B outperformed Product A in two critical aspects: durability and accuracy.
解説 定冠詞theを付した主語the comparisonで「比較した」を表現できます。定冠詞theは「既に行ったこと」や「存在しているもの」を示唆します。「性能を上回る」を1語で表すoutperformを使うと簡潔に表現できます。outperformを思いつかないという場合には、perform better thanで同内容を表すことができます。コロンで詳細を説明することができます（第1章 p.82「知っておきたい表記法」参照）。

(e)　After examining alternatives including existing solar panels and concentrated solar power systems, we have determined the feasibility of the project regarding its cost, timeline, and resource availability.
または
Examination of alternatives including existing solar panels and concentrated solar power systems has demonstrated the feasibility of the project regarding its cost, timeline, and resource availability.

解説 人の主語weまたは「検討（examination）」を主語にしてSVOの文型で表現します。時制は、過去から現在までを一度に表す現在完了形が使用可能です。

技術報告書のPOINT

読み手を特によく分析し、読み手に合わせた説明を。

技術報告書は略式なものから正式なものまで様々。
正式な報告書の構成は技術論文のよう。
p.262「技術論文のPOINT」参照。

Our Improved Technical Writing Program

Abstract

This report describes a proposed design of our technical writing program. The technical writing program is an improved version of …

Introduction（序論）では主に現在形と現在完了形を使って書く。
現在と切り離された過去の事実のみを過去形で書く。

1. Introduction

Japanese engineers and scientists have high technological skills, but can be notorious for their poor writing in English. The problem is that…

2. Investigation

We have investigated advantages of our improved technical writing program through…

Body（本文）では主に現在形と現在完了形を使って書く。
検討結果の報告には過去形を。

3. Recommendations

Through our investigation, we have determined that our improved technical writing program train successful technical writers, and…

Recommendations（改善提案）では、現在形、現在完了形、未来の表現を使って書く。
強い表現でしめくくるのが好ましい。

313

自然科学誌*Nature*の英語

正確、明確、簡潔な*Nature*の英語

　自然科学誌*Nature*の英語は、論文や報告書の英語に慣れたい方に安定的におすすめできると考えています。タイトルやアブストラクトから様々な分野の内容に触れて、その中から正確、明確、簡潔な英語を吸収するとよいでしょう。

　論文のタイトルを1つ読んでみましょう。3つのCの観点から着目する箇所に太字を付します。

Quantifying effectiveness and best **practices for** bumblebee identification **from photographs**

（マルハナバチの写真による識別の有効性とベストプラクティスの定量化）
（和訳は本書の筆者。以下同様）

Nature Scientific Reports 14, 830, 2024

　動名詞から開始するタイトルが論文でも増えています。論文だけでなく、マニュアルにも動名詞から開始する見出しが増えていて、一昔前のマニュアルの見出しといえば「How to ___（〜のしかた）」や 論文のタイトルといえば「A study on ___（〜に関する研究）」という時代は終わりをつげたのか、異なる文書間の差違が少なくなってきているように感じます。
　論文タイトルは名詞同士の係り受けが明確であることが重要であり、名詞が並んで関係がわかりづらくなるのを防ぐためには、動名詞の使用が有効です。動名詞は動詞としての意味合いを保持しているため、他動詞であれば直後に目的語を配置できるからです。
　次に、前置詞の素晴らしさを感じてみましょう。前置詞には、名詞と他の単語との関係を視覚的に読み手の頭に描く効果があり、**for** bumblebee identificationでは、forで「〜のために」という論文の目的を端的に言い表しています。論文タイトルでは「用途は何か」が重要であるため、到達点

を表さず方向性だけを伝える前置詞forは多く見られる表現です。

from photographsは、identificationに上手くつながっています。fromは単に起点を表す広い表現であり、usingなどと比べ、強調せずに自然に表現できています。fromは関係がわかりにくくなる文脈では第1候補ではありませんが、今回は上手く使われています。アブストラクト本文中の相応する箇所には、New photographic approaches to identification provide…やphotograph identifiabilityといった表現がありましたので、「写真を使って識別する」ことが本論文の特徴のようです。

また、名詞の複数形practicesとphotographsが使われているため、読みやすいタイトルでした。

英文法の魅力に着目しながら読む

読んだタイトルが気に入れば、続いてアブストラクトの冒頭を読みましょう。

第1文：

Understanding pollinator networks **requires species level data on** pollinators.
（花粉媒介者のネットワークを理解するには、花粉媒介者に関する種レベルのデータが必要である。）

典型的なSVOが使われています。主語は動名詞で、その目的語は名詞を2つ羅列したpollinator networksです。名詞を羅列すると、前の名詞は形容詞として働きます。所有格を使用して、pollinator's networksなどとしてしまうような冠詞や単複の間違いも起こりません。なお、所有格の場合にはpollinatorの冠詞と数を考えなくてはならず、pollinators' networksのように無冠詞・複数形にする必要があります。

第2文：

New photographic approaches to identification **provide** avenues to data collection **that reduce** impacts on declining bumblebee species, **but limited research has addressed their** accuracy.

（写真を用いた新しい識別法によって、減少種であるマルハナバチ種に対する影響を抑えたデータ収集が可能となるが、その精度にまで着目した研究は数が限られている。）

provide avenues to（〜に道筋を与える）は少し上級表現です。avenuesのほかにはpathwaysも同義で見ることがあります。data collectionに関係代名詞限定用法thatで詳細説明を加えているところには、「必ず先を読ませる」という著者の意気込みが見えます。declining bumblebee species（数が減っているマルハナバチ種）のような自動詞による分詞表現にも魅力を感じます。

文の後半で主語が変わるため、but limited researchの等位接続詞butの前にはコンマが付されています。ここは、but their accuracy is limited by …として具体的に何がその手法を妨げているかまでの情報をつなげたくなりますが、前半に関係代名詞that reduce…があることから、このように新たな主語を使うのがわかりやすいでしょう。能動態has addressedを使うとともに、現在完了形の時制によって、これまでの状況であることを明快に伝えています。

address（対処する）は、論文でも多く見られる動詞です。論文は、アカデミックであるのに、このようにビジネス英語寄りの単語も見られます。新しい技術を発表して売り込むという観点から、例えば提案書と表現が重複しています。一方、論文には、報告書と似た側面もあり、行った調査や実験について淡々と報告するという特徴もあります。

第3文：
Using blind identification of 1418 photographed bees, **of which 561 had** paired specimens, **we assessed** identification and agreement across 20 bumblebee species netted in Montana, North Dakota, and South Dakota by people with minimal training.
（撮影した1418匹のハチのブラインド識別を行い（そのうち561匹は標本と組み合わせて識別）、モンタナ州、ノースダコタ州、サウスダコタ州で捕獲されたマルハナバチ20種に関して、最小限の指導を受けた協力者による識別と一致に関する評価を行った。）

さて、ここで時制は過去形に移り、今回著者らが行った具体的な実験や調査の話に移行します。自然科学誌*Nature*では、アブストラクトでの一人称weの使用が昨今増えており、文頭分詞構文Usingも使い、行為者weを強調した文章になっています。間に挿入されているのは、1418 photographed beesに対して、561 of these bees had paired specimensという、文章を足す関係代名詞節です。関係代名詞節の組み立てはいつも共通項をつなぐこと。<u>1418 photographed bees</u>と561 <u>of these bees</u> had paired specimensの共通項に下線を引いたら、後者を関係代名詞whichに置き換えてつなぎ、説明対象に近づけます。足さない、引かないことが関係代名詞の鉄則です（第3章 p.237「関係詞はパズルの組み立てが重要」参照）。前置詞も一緒に説明対象に近づけるので、1418 photographed bees, of which 561 had paired specimensとして完成します。

　we assessed identification and agreementはシンプルなSVO、そしてacrossというわかりやすい前置詞が使われています。「横断的に」という日本語がありますが、まさにそのようなイメージがacrossです。20 bumblebee speciesの後ろにはnettedという過去分詞の修飾があり、さらにはin Montana, …と補っています。「〜による」を表すby peopleの係り先はidentification（識別）となります。最後のwith minimal trainingはpeopleに係っています。前置詞withは常にusingかhavingの意味です。今回はhavingの意味ですが、それを強調する必要がないのでwithを使っています。

第4文：
An expert **identified** 92.4% of bees from photographs, **whereas** 98.2% of bees were identified from specimens.
（専門家によると、写真から92.4%のハチが識別でき、標本から98.2%のハチが識別できた。）

　An expert identifiedというシンプルなSVOから開始。ここでタイトルと同じfrom photographsが登場しました。さらには接続詞whereasで対比を明示しています。類似のwhileと比べて、より明確に表現できています。

第5文：

Photograph identifiability decreased for bees **that were wet or matted**; bees **without** clear pictures of the abdomen, side of thorax, or top of thorax; bees **photographed with** a tablet, and **for** species **with** more color morphs.
（濡れていたり、つやがなくなったりしていたハチ、腹部、胸部側面、胸部上面がはっきり写っていなかったハチ、タブレットで撮影したハチ、体色が多彩な種は写真による識別率が低下した。）

　photograph identifiabilityというコンパクトで情報がつまった単語を主語に使い、主語がdecreased（減少した）、という自動詞で表現されています。自動詞は「ひとりでに起こる動作」に使われますが、自動詞が使えるチャンスを逃さないことが大切です。自動詞は受動態になれないため、明確で簡潔に表現できる場合が多くあります。「〜に関して」を意味するforが使われています。その先は、コンマをセミコロンで代用して、修飾が長めの名詞を列挙しています。様々な状態のbeesの説明に際し、that were wet or mattedという時制も含む関係代名詞による修飾、withoutや、また、文末に出てくる（species）withのような有無を表す前置詞の使用、photographedのような過去分詞による修飾、with a tabletで道具を表す修飾、といった上手な修飾表現が見られます。そしてfor speciesがfor beesと並列されています。

　さて、アブストラクト第5文までを読み終えました。このように、自然科学誌Natureは、一つ一つの文書が読みやすいだけでなく、科学技術英語で使用する英文法を総復習するのに適した表現がたくさん使われています。Natureのウェブサイトのトップページ（https://www.nature.com/）から最新の情報を入手する、またはトップページ右上のSearchから興味のあるキーワードを使って過去の記事を取り出すのもよいでしょう。タイトルとアブストラクトの英語表現を是非楽しんでいただけたらと思います。

❈ 参考文献 ❈

一般社団法人日本能率協会 JSTC技術英語委員会『2023年度版 技術英検1級問題集』、日本能率協会マネジメントセンター、2023年

木下是雄『理科系の作文技術』、中公新書624、1981年

正保富三『英語の冠詞がわかる本［改訂版］』、研究社、2016年

墺タカユキ他『総合英語Evergreen』、いいずな書店、2017年

中山裕木子『テンプレート式 理系の英語論文術 国際ジャーナルに学ぶ 伝わる論文の書き方』、講談社、2023年

中山裕木子『英語の技術文書：エンジニア、ビジネスパーソンが技術英語のスキルで10種の文書をすばやく学べる』、研究社、2022年

Thomas N. Huckin and Leslie A. Olsen, *Technical Writing and Professional Communication for Nonnative Speakers of English*, McGraw-Hill, 1991

David A. McMurrey, *Power Tools for Technical Communication*, Wadsworth, 2002

William Strunk Jr. and E.B. White, *The Elements of Style*, Fourth Edition, Allyn & Bacon, 2000

Gary Blake & Robert W. Bly, *The Elements of Technical Writing*, Macmillan, 1993

Keith F Punch, *Developing Effective Research Proposals*, SAGE Publications, Third edition, 2016

The Chicago Manual of Style, 17th edition, The University of Chicago Press, 2017

Microsoft Corporation Editorial Style Board, *Microsoft® Manual of Style for Technical Publications*, Third Edition, Microsoft Press, 2004

"Formatting guide: manuscript preparation and submission," *Nature*, https://www.nature.com/nature/for-authors/formatting-guide#a4

"RFC2119, Key words for use in RFCs to Indicate Requirement Levels," https://www.ietf.org/rfc/rfc2119.txt

（本ページおよび本文中に記載のウェブサイトのアドレスは2024年1月現在のものです）

索　引

和文（50音順）

ダウンロードコンテンツのご案内

本書に付属の学習用教材として、ワークブックをご用意しております。以下の二次元コードよりダウンロードいただけますので、本書を使ったご指導、自習用教材としてぜひご活用ください。

著者略歴

中山 裕木子（なかやま・ゆきこ）

株式会社ユー・イングリッシュ代表取締役。
一般社団法人日本能率協会JSTC技術英語委員会専任講師。
2001年に（旧）工業英検1級取得。成績優秀により文部科学大臣賞を
受賞。理工系学生や研究者・ビジネスパーソンを対象にして、正確、
明確、簡潔に英語を書く手法の指導にあたる。2014年、論文英語と
特許英語を専門とする翻訳と教育の会社、株式会社ユー・イングリ
ッシュを設立。高品質な技術翻訳サービスと技術英語指導サービス
の提供により、英語技術文書の品質向上に尽力する。
『外国出願のための特許翻訳英文作成教本』（丸善出版）、『会話も
メールも英語は3語で伝わります』（ダイヤモンド社）など著書多数。
株式会社ユー・イングリッシュ　https://www.u-english.co.jp/

改訂版　技術系英文ライティング教本
―基本・英文法・応用―

2024年3月30日　初版第1刷発行

著　者——中山 裕木子
　　　　　©2024 Yukiko Nakayama
発行者——張 士洛
発行所——日本能率協会マネジメントセンター
　　　　　〒103-6009　東京都中央区日本橋2-7-1　東京日本橋タワー
　　　　　TEL 03(6362)4339(編集)／03(6362)4558(販売)
　　　　　FAX 03(3272)8127(編集・販売)
　　　　　https://www.jmam.co.jp/

装　丁——吉村朋子
本文DTP—株式会社森の印刷屋
印刷所——三松堂株式会社
製本所——三松堂株式会社

本書の内容の一部または全部を無断で複写複製(コピー)することは、法律で
認められた場合を除き、著作者および出版者の権利の侵害となりますので、
あらかじめ小社あて許諾を求めてください。

本書の内容に関するお問い合わせは、2ページにてご案内しております。

ISBN 978-4-8005-9172-2　C3082
落丁・乱丁はおとりかえします。
PRINTED IN JAPAN

2024 年度版
技術英検 1級・2級・3級 問題集

一般社団法人日本能率協会 JSTC 技術英語委員会 編著

1 級：A5 判 160 頁／ 2 級：A5 判 176 頁／ 3 級：A5 判 160 頁

技術英検は、科学技術文書を英語で読み、書く能力を正しく客観的に評価する唯一の資格検定です。経済のグローバル化にともない、科学技術分野でも英語が唯一の共通語として認知・活用されています。ボーダーレスな情報の受発信をスムースに実践し、新たな価値を生み出すために、工業英語（Technical Communication in English）は、今や研究者、技術者、理学・工学系学生・大学院生、技術翻訳者が学ぶべき必須の要件です。

本書は、旧名称である「工業英検」の過去問題4年間15回分を解答とともに収録した唯一の公式問題集です。試験前の腕試しやレベルの確認にお使いいただける内容となっています。

日本能率協会マネジメントセンター